A verdade sobre a
AUTOPOIESE NO DIREITO

R672v   Rocha, Leonel Severo

        A verdade sobre a autopoiese no direito / Leonel Severo Rocha, Michael King, Germano Schwartz. – Porto Alegre: Livraria do Advogado Editora, 2009.

        148 p.; 23 cm.

        ISBN 978-85-7348-647-6

        1. Direito. 2. Teoria do direito. 3. Teoria dos sistemas. 4. Autopoiese. I. King, Michael. II. Schwartz, Germano. III. Título.

CDU - 34

Índices para catálogo sistemático:

Direito	34
Direito: Teoria dos sistemas	340.12
Teoria do direito	340.12

(Bibliotecário responsável: Marta Roberto, CRB - 10/652)

Leonel Severo Rocha
Michael King
Germano Schwartz

A verdade sobre a AUTOPOIESE NO DIREITO

livraria
DO ADVOGADO
editora

Porto Alegre, 2009

©
Leonel Severo Rocha
Michael King
Germano Schwartz
2009

Capa, projeto gráfico e diagramação
Livraria do Advogado Editora

Revisão
Rosane Marques Borba

Direitos desta edição reservados por
Livraria do Advogado Editora Ltda.
Rua Riachuelo, 1338
90010-273 Porto Alegre RS
Fone/fax: 0800-51-7522
editora@livrariadoadvogado.com.br
www.doadvogado.com.br

Impresso no Brasil / Printed in Brazil

Sumário

Apresentação 7

1. Observações sobre a observação Luhmanniana
Leonel Severo Rocha 11
1.1. Observação 11
1.2. Racionalidade e epistemologia 13
1.3. Teoria geral dos sistemas 14
1.4. Sistema social 15
1.5. Construtivismo 17
1.6. Autopoiese 18
1.7. A verdade 21
1.8. Hans Kelsen 24
1.9. Tempo: de Saussure a Kelsen 28
1.10. Tempo social e direito 30
1.11. Crise do Estado 30
1.12. Efetividade do Direito 32
1.13. Pluralismo jurídico 33
1.14. Paradoxo e autopoiese 34
1.15. Hiperciclo 36
1.16. Policontexturalidade 39

2. A verdade sobre a autopoiese no direito
Michael King 41
2.1. Construção e demolição da Heresia de Luhmann 41
    2.1.1. Preâmbulo 41
    2.1.2. Comentários à teoria autopoiética 44
        2.1.2.1. Rejeição sumária 44
        2.1.2.2. Assimilação 51
        2.1.2.3. (Des)entendendo o "fechamento" 62
        2.1.2.4. Atribuindo (ir)responsabilidade 66
    2.1.3. Conclusão 72
2.2. A "verdade" sobre a autopoiese 76
    2.2.1. O sentido da autopoiese 77

2.2.2. Um novo paradigma? 80
2.2.3. O sentido do Direito 81
2.2.4. Autopoiese do Direito 85
2.2.5. Características Específicas das teorias autopoiéticas 87
    2.2.5.1. O Direito como um sistema fechado 87
    2.2.5.2. Autopoiese social e autopoiese psíquica 90
    2.2.5.3. Autopoiese, injustiça e política social 92
    2.2.5.4. Teoria autopoiética e poder 94
2.2.6. Parábola de conclusão 98

3. Autopoiese e direito: auto-observações e observações de segundo grau
Germano Schwartz 99
3.1. O outro na teoria dos sistemas sociais autopoiéticos:
direitos fundamentais e Rio de Janeiro 99
    3.1.1. João Hélio 99
    3.1.2. Pasárgada 101
    3.1.3. A autopoiese do direito 103
    3.1.4. João Hélio e Pasárgada: alteridade, cultura jurídica e direitos
    fundamentais. Uma questão de autopoiese 108
3.2. Um admirável novo Direito: autopoiese, risco e altas tecnologias
sanitárias 113
    3.2 1. Um velho Direito para um novo mundo: alfas, betas, gamas,
    deltas e ípsilons e a "segurança jurídica" 113
    3.2 2. O mundo novo e o risco na sociedade contemporânea 116
    3.2.3. Um novo Direito para um novo mundo: autopoiese e risco como
    pressupostos da unidade jurídica 119
    3.2.4. As altas tecnologias sanitárias: que Direito para qual mundo? 123
    3.2.5. Questões finais 130
3.3. Marcola e Luhmann: do sistema penal aos sistema sociais 132
    3.3.1. Cenários introdutórios 132
    3.3.2. A ambiência imaginária dos Cenários: o mito da segurança jurídica . 133
    3.3.3. (Re)ambientando o cenário: riscos e insegurança jurídica 137
    3.3.4. Conectando os cenários: a autopoiese dos sistemas sociais 139
    3.3.5. Autopoiese e sistema punitivo no Brasil 142

Referências bibliográficas 145

Apresentação

Este livro é a continuação de um projeto iniciado em 2005 e também pela Livraria do Advogado Editora, com a obra *Introdução ao Sistema Autopoiético do Direito*, publicada em conjunto com o Dr. Jean Clam, o francófono de maior quilate na teoria sistêmica.

O sucesso editorial do livro atestou a certeza que tínhamos àquela época – agora renovada: era necessário desmitificar, a partir de pressupostos fidedignos ao pensamento luhmanniano, a teoria dos sistemas sociais aplicada ao Direito. Adrede a esse objetivo, pretendíamos dar vazão a uma série de trabalhos que um grupo cada vez maior de pesquisadores, agregados especialmente na região Sul do Brasil, vem realizando: a observação do Direito pela mirada sistêmica.

Daquela data até hoje estivemos, como sói acontecer na academia, envolvidos em uma série de trabalhos ligados à teoria dos sistemas no Direito. Em especial, vale registrar o *Workshop* sobre os 10 anos do falecimento de Luhmann, que realizamos no PPGD/Unisinos no ano de 2008. Reuniram-se, ali, em um ambiente único, Marcelo Neves, Celso Campilongo, Pierre Guibentif, entre outros. Foram dois dias de discussão em estado bruto a respeito da teoria.

Desde o primeiro volume da série, sabíamos sobre qual temática orbitaria a segunda obra. Gostaríamos de discutir uma espécie de verdade, respondendo às "críticas" mais comuns, sobre a autopoiese do Direito na doutrina brasileira. Isso posto, elencamos um sumário, e, na esteira do que havíamos esquadrinhado como linha de trabalho, deveríamos ter um autor representativo, de renome no trato das questões luhmannianas, cujos escritos fossem inéditos no Brasil.

Michael King era o nome evidente. O título da obra reflete nossa homenagem a seus estudos. Entretanto, não possuíamos contato com ele. Contudo, pelos caminhos que a vida oferta a todos, Germano fez seu pós-doutorado na Universidade de Reading (Reino Unido). Michael foi seu orientador. Exemplar. Um britânico típico. O Decano da Escola. A pessoa mais respeitada naquele ambiente escolar. Sem sombra de dúvidas, o luhmanniano do Direito mais influente em todo o Reino Unido. Ele imediatamente aceitou nosso convite. É uma honra, pois, publicar, pioneiramente, suas reflexões a respeito de Luhmann e do Direito.

Foram, pois, os estudos, os eventos, as publicações, as aulas, etc., as responsáveis maiores pelo hiato quadrienal entre o livro de 2005 e o atual. Não que a presente obra estivesse adormecida. Ao contrário. O trabalho operário de tradução estava sendo feito a todo vapor. Nesse sentido, os tradutores Paulo Ricardo Cauduro de Oliveira[1] e Cícero Krupp[2] trabalharam incansavelmente, até chegarem ao rigor teórico necessário para que o texto fosse vertido para a língua de Camões. Nosso sentimento de agradecimento e de reconhecimento ao belíssimo labor, exemplificado nas páginas que seguem, capaz de traduzir o fino humor característico de King (e também de Luhmann).

Entremeios era necessário conseguir a autorização das editoras estrangeiras para que pudéssemos publicar, sem custos, os textos de King. Houve o necessário trâmite burocrático, mas, ao final, conseguimos a cedência dos direitos autorais para o Brasil. Por isso, deixamos registrados nossos agradecimentos ao *Journal of Law and Society,* da Editora Wiley-Blackwell, meio de divulgação do texto "The Truth About Autopoiesis". Da mesma maneira, somos gratos ao maganize *Law and Critique,* da Editora Springer, onde se publicou o artigo "The Construction and Demolition of Luhmann's Heresy".

Ademais, ambos, Leonel e Germano, estivemos debruçados sobre nossos textos. As infindáveis discussões marcaram ainda mais a dificuldade de se chegar ao resultado final. O processo de construção (e desconstrução) foi hercúleo. Também tínhamos em mente que deveríamos produzir uma obra na linha da série: concisa e enxuta, a

---

[1] Responsável pela tradução do texto "Construção e Demolição da Heresia de Luhmann" e da revisão da tradução de "A Verdade sobre a Autopoiese", ambos de Michael King.

[2] Responsável pela tradução do artigo "A Verdade sobre a Autopoiese", de Michael King.

facilitar a leitura do observador. Isso agregou ainda mais complexidade à nossa tarefa, enfim cumprida.

Registre-se, novamente, que a Livraria do Advogado Editora acolheu, sempre, de braços abertos, nosso projeto de publicações. Por·intermédio do Walter Abel, recebam, todos aqueles que trabalham nessa digníssima Casa Editorial, nossos mais profundos votos de reconhecimento pelo trabalho prestado a favor da ciência do Direito ao oportunizar vir à luz os mais progressistas trabalhos da ciência jurídica do Brasil.

Essa é a verdade do livro. Desejamos, de fato, que com sua leitura, o leitor (re)descubra *A Verdade sobre a Autopoiese no Direito!*

Porto Alegre – São Leopoldo, inverno de 2009.

Leonel Severo Rocha
Germano Schwartz

1. Observações sobre a observação Luhmanniana[1]

Leonel Severo Rocha

1.1. Observação

A dogmática jurídica sempre procurou, a partir da perspectiva normativista, determinar uma evidência cartesiana a partir da construção de proposições ligadas à *descrição* verdadeira ou falsa das proposições da ciência do Direito. A sociologia weberiana, por sua vez, apontou para a existência de somente um tipo de racionalidade centrada na *compreensão* dos atores sociais. Em outro patamar, muito além das insuficiências epistemológicas da ontologia da verdade e da metafísica da compreensão, Niklas Luhmann propõe a *observação*. Trata-se de uma observação da complexidade, e não um retorno *naif* ao descritivismo da dogmática.

A observação do Direito é, portanto, como vamos introduzir neste texto, uma das grandes contribuições da teoria luhmanniana para a renovação da dogmática jurídica do século XXI. Para tanto, far-se-á uma breve introdução à perspectiva de Luhmann, relacionando-a com os novos temas da discussão teórica atual: Racionalidade, Teoria Geral dos Sistemas, Tempo, Verdade, Autopoiese, Normativismo, Pluralismo Jurídico, Paradoxo, Hiperciclo e Policontexturalidade.

---

[1] Este texto faz parte do projeto de pesquisa sobre "Direito Reflexivo e Policontexturalidade", desenvolvido na UNISINOS e apoiado pelo CNPq.

Luhmann, numa homenagem ao sobrinho de Wittgenstein, o prêmio Nobel Heinz von Foester, analisa a famosa perspectiva proposta por Foester para a observação: *o ponto cego*.[2] Para Luhmann, o valor dessa observação não é plenamente percebido se o indivíduo continua preso à unidade de um sujeito do conhecimento, pois, na observação, sempre existe uma pluralidade de sujeitos. E também os sujeitos observam o mesmo mundo com olhares paralelos.[3] De acordo com Luhmann, a epistemologia clássica se interessaria pelas relações intersubjetivas, em que cada sujeito produziria a mesma observação e o mesmo mundo. Daí o problema de se encontrar a verdadeira observação ou, como aponta Platão, o erro.[4]

Heinz Von Foster, segundo Luhmann, propõe algo mais avançado: *observing systems*. Uma cibernética de segunda ordem ou cibernética de observação de observadores. Com isso, passa-se da observação *monocultural* a outra, *policontextural*.[5] Sob esse aspecto, Luhmann afirma que se "supera a banalidade de se postular a intersubjetividade como algo *sui generis*".[6] Essa observação da complexidade poderia ser feita, conforme Gotthard Gunther, a partir de cálculos matemáticos, mas também seria aplicada a sistemas empíricos. Assim, tem-se uma lógica de múltiplos valores e se acentua a *operação empírica de observar* (Luhmann).

Para Foester, a observação como operação implica a fórmula *Draw a distinction*! Dessa forma, Luhmann aproxima Foester de George Spencer Brown. Segundo Luhmann, uma distinção sempre tem dois lados e eventualmente passa de um lado a outro (Spencer Brown: *crossing*). Deve indicar (Spencer Brown: indicate) o que se observa. Portanto, para Luhmann, "a observação seria uma operação que utiliza uma distinção para indicar um lado (e não, o outro). Em consequência, é uma operação com dois componentes: a distinção e a indicação, que não se podem amalgamar nem se separar operati-

---

[2] FOESTER, Heinz von Foester. *Observing Systems*. Nova Iorque, 1979.

[3] LUHMANN, Luhmann. Como se podem observar estruturas latentes? In: WATZLAWICK, Paul y KRIEG, Peter. "*El Ojo Del Observador*. Contribuciones al Construtivismo". Barcelona: Gedisa, 1995.

[4] LUHMANN, op. cit., p. 60.

[5] Idem, ibidem, p. 61.

[6] Idem, ibidem, p. 62.

vamente.[7] Como se sabe, isso leva ao problema da autorreferência, que Francisco Varela resolve com a *self-indication*.

Na observação de segunda ordem, poder-se-ia ser tentado recuperar a metalinguagem do neopositivismo lógico e verificar se a linguagem de primeira ordem é verdadeira ou falsa. Mas Luhmann ultrapassa a questão desde Maturana e vai além dele, analisando se os sistemas sociais são sistemas operativamente fechados, autorreferenciais ou autopoiéticos, colocando por base a *comunicação*. Desse modo, Luhmann substitui a teoria do conhecimento, baseada no sujeito, por uma teoria do conhecimento, que poderia denominar-se construtivismo operativo (Luhmann). A "distinção ontológica ser/não ser perde a sua primazia teórica e a forma binária da lógica clássica, sua primazia metodológica".[8]

Nessa linha de ideias, para Luhmann, pode-se observar a sociedade moderna desde uma visão que operacionaliza o sentido por meio de conceitos como os de fechamento operacional, função, codificação/programação, diferenciação funcional, acoplamento estrutural, autodescrição e evolução.[9]

1.2. Racionalidade e epistemologia

Neste item, tem-se a intenção de contribuir para a observação do lugar onde se insere a teoria luhmanniana no quadro epistemológico das ciências sociais e jurídicas. Parte-se da proposta de que existe uma sociologia da modernidade. Para Danilo Martuccelli, a modernidade "designa exatamente a sociedade contemporânea e o tempo presente. A interrogação sobre o tempo atual e a sociedade contemporânea é o denominador comum da modernidade. Segundo Martuccelli, a sociologia da modernidade provém de um duplo movimento voltado para a construção de representações globais adequadas e da consciência imediata de sua ruptura com a realidade".[10]

---

[7] LUHMANN, op. cit., p. 63.

[8] Idem, ibidem, p. 69.

[9] LUHMANN, Niklas. *El Derecho de la Sociedad*. México: Iberoamericana, 2002.

[10] MARTUCCELLI, Danilo. *Sociologies de la Modernité*. Paris: Gallimard, 1999, p. 11

A modernidade se relaciona, nessa ótica, com uma reflexão que jamais consegue conciliar dois projetos simultâneos: de um lado, a vontade de produzir modelos estáveis da realidade social, e, de outro, a consciência de que a situação social sempre é indeterminada, e o mundo, irrepresentável. O dilema da modernidade é a proposta de elaboração de uma racionalidade de um mundo, que se sabe que não se pode observar completamente devido a sua diferenciação.

De acordo com Martuccelli, a sociologia possui três matrizes principais: a diferenciação social, a racionalização e a condição moderna. A partir dessas matrizes, elabora-se o contraponto da modernidade desde a chamada crítica pós-moderna. É dentro desse vasto campo analítico que se pode introduzir a obra de Niklas Luhmann nas ciências sociais. Para Martuccelli, ele se insere no caminho aberto por Émile Durkheim, denominado de diferenciação social. Na mesma linha, destacam-se Talcott Parsons e Pierre Bourdieu. Porém, entende-se que, além dos aspectos da relação entre diferenciação e integração de Durkheim, existem claros pontos de contato com as ideias de racionalização de Weber, Foucault e Habermas.

1.3. Teoria geral dos sistemas

Niklas Luhmann, para enfrentar essas questões, recorre à Teoria Geral dos Sistemas.[11] Essa teoria, ao longo dos anos 50, foi aprofundada por Ludwig von Bertalanffy, partindo da ideia de que a maior parte dos objetos da física, astronomia, biologia e sociologia formam sistemas.

O sistema seria um conjunto de partes diversas que constituem um todo organizado com propriedades diferentes daquelas encontradas na simples soma de partes que o compõem. A ideia de Bertalanffy, de uma "ciência geral da totalidade", baseava-se na sua observação de conceitos e princípios sistêmicos, que podem ser aplicados em muitas áreas diferentes de estudo. Tendo em vista que os sistemas vivos abarcam uma faixa tão ampla de fenômenos, en-

---

[11] Neste item 4, retomam-se algumas ideias do texto do autor deste trabalho, publicado no Anuário do PPGD-UNISINOS, em colaboração com Jeferson Dutra, intitulado Notas Introdutórias à Concepção Sistemista de Contrato. In: ——; STRECK, Lenio Luis; MORAIS, Jose L. Bolzan. *Constituição, Sistemas Sociais e Hermenêutica:* programa de pós-graduação em Direito da UNISINOS: Mestrado e Doutorado. Porto Alegre: São Leopoldo: Livraria do Advogado Ed.; UNISINOS, 2005.

volvendo organismos individuais e suas partes, sistemas sociais e ecossistemas, acreditava-se que uma teoria geral dos sistemas ofereceria um arcabouço conceitual geral para unificar várias disciplinas científicas que se tornaram isoladas e fragmentadas.

Tal teoria geral foi arquitetada, baseando-se num conjunto coerente de conceitos gerais, tais como sistema, rede, não linearidade, estabilidade, entropia e auto-organização. Tais avanços, aliados à ideia de sistema, trazem alterações surpreendentes ao paradigma epistemológico e à própria concepção de ciência. Para Bertalanffy, "o que torna possível converter a abordagem sistêmica numa ciência é a descoberta de que há conhecimento aproximado". O velho paradigma baseia-se na crença cartesiana da certeza do conhecimento científico.

No novo paradigma, é reconhecido que todas as concepções e todas as teorias científicas são limitadas e aproximadas. "A ciência nunca pode fornecer uma compreensão completa e definitiva".

A teoria geral dos sistemas desenvolveu-se conjuntamente com o desenvolvimento de três estudos fundamentais: a teoria dos jogos, de Von Neumann e Morgenstern (1947), a teoria cibernética, de Wiener (1948), e a teoria da informação, de Shannon e Weaver (1949). O fato de tais estudos aparecerem aproximadamente no mesmo momento conduziu a Teoria Geral dos Sistemas a um novo patamar, deixando as áreas restritas da matemática e da biologia para aliar-se às chamadas ciências da nova tecnologia.

1.4. Sistema social

A sociedade, nessa perspectiva, pode ser observada como sendo um sistema social. Para Walter Buckley,[12] existem três modelos de sistemas sociais contemporâneos: o modelo mecânico, o modelo orgânico e o modelo de processo. O modelo de processo "encara tipicamente a sociedade como uma interação complexa, multifacetada e fluida de graus e intensidades amplamente variáveis de associação e dissociação. A estrutura é uma construção abstrata e não algo

---

[12] BUCKLEY, Walter. *Sociology and the Modern Systems Theory*. New Jersey: Prentice-Hall, 1967. Com tradução para o português: A Sociologia e a Moderna Teoria dos Sistemas. São Paulo: Cultrix, 1971.

distinto do processo interativo em marcha, mas a sua representação temporária, acomodativa, em qualquer tempo" (Idem, p. 37).

De acordo com Buckley, o modelo de processo foi predominante no século XX, na sociologia dos EUA, onde se destacou a chamada *Escola de Chicago*. Como oposição a essa perspectiva, ter-se-ia o marxismo a partir da concepção da história como processo dialético, "pelo qual novas estruturas emergem de condições imanentes em estruturas anteriores" (Idem, p. 38). Buckley afirma que os sistemas implicam uma abordagem da sociedade a partir das ideias de organização e informação. A organização teria como sua gênese a institucionalização e a construção de papéis em instituições. No entanto, para Buckley, temáticas imprevisíveis sempre ocorrem no interior dos sistemas, forçando a que se leve em consideração o controle social do que ele chama *comportamento aberrante* (desvios e condutas marginais).

Pode-se salientar, nesse momento, que a teoria dos sistemas, sob uma perspectiva mais geral, se impõe em todas as questões da sociedade, da economia e da engenharia, sendo a forma utilizada para a observação da modernidade.

Nesta linha de ideias, depois de Weber, sabe-se que a racionalidade é uma adequação entre meios e fins. Embora não se acredite em uma razão *a priori*, para Jon Elster,[13] a racionalidade é uma questão crucial quando se vincula com o problema da mudança tecnológica, com o risco e as contradições entre as forças e relações de produção. Isso se deriva das diversas perspectivas surgidas entre os debates das teorias evolucionistas e os diferentes níveis de complexidade no tempo. Karl Popper, por sua vez, propôs uma metodologia científica voltada a um tipo de explicação dirigida à invenção. Gaston Bachelard, de uma maneira semelhante, aponta que a construção da racionalidade científica se inicia com a ruptura com os modelos dominantes de ciência. No entanto, Jon Elster entende que a racionalidade necessita sempre distinguir entre explicações causais, funcionais e intencionais, que correspondem, em termos muito amplos, às ciências físicas, biológicas e sociais.

[13] ELSTER, Jon. *Explaining Technical Change*. Cambridge: Cambridge University Press, 1983. Na tradução espanhola, *El Cambio Tecnológico:* investigaciones sobre la racionalidad y la transformación social. Barcelona: Gedisa, 1992, p. 15.

Em outras palavras, Jon Elster propõe para a sociologia a análise dessa complexidade a partir da dicotomia entre teorias da escolha racional e teorias evolucionistas, que implicam a distinção entre explicação intencional e funcional. A sociedade, para Elster, precisa criar um modelo que possa interagir com essa explicação e, ao mesmo tempo, enfrentar o problema da mudança e transformação. Tal problema permanece.

1.5. Construtivismo

Na atualidade, a teoria dos sistemas renovou-se enormemente com as novas contribuições das ciências cognitivas, das novas lógicas e da informática, passando a enfatizar os seus aspectos dinâmicos. Do ponto de vista epistemológico, pode-se enfatizar a importância do chamado *construtivismo* para essa transformação. O construtivismo entende que conhecimento não se baseia na correspondência com a realidade externa, mas somente nas construções de um observador.

Para Niklas Luhmann, pode-se observar essa complexidade, apontada por Martuccelli, Elster e Buckley, aprofundando a diferença entre sistema e ambiente de Bartelanfy, a partir da epistemologia construtivista de Heinz von Foerster, que aponta para a observação de segunda ordem e para a revisão do modelo orgânico feita por Maturana e Varela com a ideia de autopoiese.

A grande contribuição de Luhmann é, portanto, a reunião dentro da concepção de sistema da diferenciação funcional e da racionalidade. Para tanto, ele redefine a noção de paradoxo e risco para resolver o dilema apontado por Elster entre explicação e intenção.

No entanto, a saída implica a colocação do sujeito como o outro lado da sociedade. A Escola de Chicago insistiu o quanto pôde na ideia de racionalidade do sujeito como apto a decidir, de maneira ótima, as questões. No caso da Escola de Chicago, seguindo a teoria econômica, o marxismo demonstrou que essa perspectiva ocultava relações de dominação, estruturadas na sociedade historicamente. Luhmann procura, assim, evitar a noção de sujeito racional individualista, mas sem cair no marxismo: evita uma dicotomia do tipo indivíduo x classe social. Propõe a comunicação como elemento constitutivo das organizações e, como tal, se pode observar a modernidade.

Na continuidade de tais ideias, a teoria luhmanniana recupera pontos importantes do modelo de processo, num primeiro momento, usando a teoria dos papéis e, num segundo, redefinindo o modelo pela autopoiese. Do ponto de vista de um modelo de processo autopoiético, o importante passa a ser a organização da sociedade. Por isso, os últimos textos de Luhmann o aproximam das relações entre organização e decisão como maneira de se afastar do individualismo. Ou seja, ressalta a importância da organização, do procedimento, no processo de tomada de decisões. Nesse sentido, ele se aproxima bastante de Herbert Simon e de March, pioneiros da teoria da organização. É claro que Luhmann observa a organização como sistema autopoiético.

Em razão disso, entende-se que um interessante guia para contatar os diferentes níveis dos portais luhmannianos seria relacioná-lo com as matrizes teóricas do Direito, a fim de, nesse campo temático, testar a sua contribuição sobre a racionalidade e a diferenciação para a observação da dogmática jurídica.

1.6. Autopoiese

Essa observação diferenciada está sendo chamada de *teoria autopoiética*. Observa a sociedade como autopoiese.[14] Trata-se de uma denominação inusitada para os não iniciados. Porém, em grandes linhas, a ideia básica é, realmente, a partir de uma *observação autopoiética*, fornecer alguns critérios para que se possam entender as formas como o Direito e a cultura jurídica se manifestam no século XXI.

Essa teoria da autopoiese está relacionada, como se viu supra, com um dos grandes expoentes na área do Direito, *Niklas Luhmann*. Tentar-se-á lembrar alguns momentos importantes da teoria de Luhmann para permitir que fiquem na memória comum. Luhmann

---

[14] Niklas Luhmann, influenciado pelos biólogos chilenos Maturana e Varela (MATURANA, Humberto; VARELA, Francisco. *El Árbol del Conocimiento*: las bases biológicas del entendimiento humano. Buenos Aires: Lumen, 2003.), lança as bases de sua teoria dos sistemas sociais autopoiéticos em: LUHMANN, Niklas. *Soziale Systeme*. Grundisse einer Allgemeinen Theorie. Frankfurt: Suhrkamp Verlag, 1984, com primeira edição em espanhol: LUHMANN, Niklas. *Sistemas Sociales*. Lineamentos para una teoría general. México: Alianza Editorial/Universidad Iberoamericana, 1991. Será utilizada, neste ensaio, a edição espanhola.

condensa, de maneira magistral, todo o pensamento da *teoria dos sistemas autopoiéticos* no livro que se chama *A Sociedade da Sociedade*.[15] Trata-se de uma obra extremamente importante e que ainda será considerada, na sociologia do século XX, tão necessária como a de Max Weber[16] ou de Talcott Parsons[17] e, principalmente, no caso do Direito, pois grandes autores contemporâneos, como Habermas,[18] Derrida[19] ou Foucault,[20] não são juristas, enquanto Luhmann trata, com destaque, do Direito, de qual partiu a sua formação. Trata-se de uma vantagem para os profissionais da área jurídica essa afinidade e essa identidade real de Luhmann para com os juristas.

Nesse livro, Luhmann propõe que se leve a sério um pressuposto básico da sociologia: *tudo está incluído dentro da sociedade*. Não é possível nenhuma produção de identidade, nenhuma produção de linguagem, que não seja no interior de uma sociedade. Tudo está dentro da sociedade. Sempre se está vivendo no interior de alguma coisa que já está presente no social. Esse é o ponto de partida fundamental.

A partir de então, Niklas Luhmann assume a ideia de que essa sociedade é altamente complexa, pois tem muitas possibilidades diferentes de manifestação. De uma maneira simples, é possível se dizer que, na sociedade, pode acontecer tudo aquilo que pode acontecer. Tudo que se pode imaginar e observar pode acontecer. Porém, para se criarem certos sentidos perante esse excesso de possibilidades, surgiram, na sociedade, nesse processo de enfrentamento da complexidade, *sistemas*.

A sociedade criou, autoproduziu, comunicações; poder-se-ia dizer, em uma outra perspectiva, linguagens ou modelos, mas prefere-se dizer que surgiram *sistemas*. Sistemas que ordenam essa complexidade a partir de certo tipo de perspectiva, conforme o tipo de diferenciação funcional evolutivamente consagrado. Para Luhmann,

---

[15] LUHMANN, Niklas. *Die Gesellschaft der Gesellschaft*. Surkamp Verlag, 1997. Com edição em espanhol: LUHMANN, Niklas. *La Sociedad de la Sociedad*. México: Editorial Herder, 2007. Igualmente, utilizar-se-á, neste ensaio, a edição espanhola.

[16] WEBER, Max. *A Ética Protestante e o Espírito do Capitalismo*. São Paulo: Cia. das Letras, 2004.

[17] PARSONS, Talcott. *Os Sistemas das Sociedades Modernas*. São Paulo: Pioneira, 1974.

[18] HABERMAS, Jürgen. *Teoria de la Acción Comunicativa*. 2 vol. Madrid: Taurus, 1987.

[19] DERRIDA, Jacques. Marges de la Philosophie. Paris: Les Éditions de Minuit, 1972.

[20] ROCHA, Leonel Severo; PEPE, A. M. B. *Genealogia da Crítica Jurídica*: de Bachelard a Foucault. Porto Alegre: Verbo Jurídico, 2007.

a "complejidad no es una operación; no es algo que un sistema ejecute ni que suceda en él, sino que es un concepto de observación y de descripción – incluída la autoobservación y la autodescripción".[21]

Pode-se ter, igualmente, "'complejidad organizada' que sólo puede llevarse a cabo mediante la formación de sistemas, puesto que 'complejidad organizada' no significa sino complejidad de relaciones seletivas entre los sistemas".[22] Por isso, pode-se dizer que existem sistemas sociais da Política, da Economia e do Direito, porque, como sistemas funcionalmente diferenciados, fornecem critérios de identificação para cada uma dessas áreas do conhecimento. Como tudo isso está dentro da sociedade, todas as áreas do conhecimento surgem da sociedade e têm, por isso, autonomia, mas uma autonomia que existe na *diferença* dela com a sociedade. E não é uma diferença pronta, acabada, pois se elabora em operações. Trata-se de uma diferença que se constrói constantemente numa dinâmica que exige a autorreprodução de cada sistema, a partir de seus próprios elementos, diferenciando-se dos outros sistemas e se diferenciando dos ambientes, num processo constante.

Dessa forma, para Luhmann, "complejidad (...) significa coacción de la selección. Coacción de la selección significa contingencia, y contingencia significa riesgo".[23] Esse processo necessita de critérios próprios de auto-observação, critérios próprios de auto-organização, e essa é a grande questão do sistema, a sua organização (auto-organização). Se o sistema consegue se autorreproduzir com certa independência, isto é, se ele consegue se fechar operacionalmente, existe, então, um sistema autopoiético. Ou seja, sistemas autopoiéticos são sistemas que conseguem partir da criação de um espaço próprio de sentido e se autorreproduzirem a partir de um *código* e de uma *programação* própria. Conforme Luhmann, "la garantía de la autodescripción de las operaciones al sistema y, con ello, la garantía de la clausura operativa del sistema, requiere de un código único como esquematismo binario que excluya otras codificaciones y otros valores (terceros, cuartos, quintos) del código".[24] Essa, em grandes li-

---

[21] LUHMANN, Niklas. *La Sociedad de la Sociedad.* Op. cit., p. 101.

[22] Idem, ibidem, p. 46.

[23] LUHMANN, Niklas. *Sistemas Sociales.* Lineamentos para una teoría general. México: Alianza Editorial/Universidad Iberoamericana, 1991.

[24] LUHMANN, Niklas. *El Derecho de la Sociedad.* México: Universidad Iberoamericana, 2002, p. 125.

nhas, é uma ideia de autopoiese. No caso do Direito, o sistema opera a partir do código: Direito/não Direito. Diz Luhmann literalmente: "Lo que se puede ordenar bajo el esquema de control conforme a derecho/no conforme a derecho, no pertence al sistema jurídico, sino a su entorno social: interno o externo".[25]

1.7. A verdade

O problema da verdade em relação ao Direito e à cultura será abordado, como exemplo privilegiado de complexidade, a partir de um ponto de vista autopoiético. Ou seja, como se estruturam na sociedade Direito, cultura e verdade. Tudo isso implica revisão do critério positivista de racionalidade. A primeira dificuldade se radica no fato de que a sociedade é caracterizada pela complexidade. Se o ponto de partida é a *complexidade*, naturalmente existe em cada operação um excesso de possibilidades. Como, possibilidades? Possibilidades, potências em atos, que solicitam um outro lado mais concreto da complexidade: a redução da complexidade. Assim, "la distinción que constituye la complejidad tiene la forma de una paradoja: la complejidad es la unidad de una multiplicidad".[26]

Mas como é possível a redução da complexidade? A partir do momento em que se tem um processo de tomada de decisão. Quando se decide fazer alguma coisa e se realiza alguma coisa, o momento da ação ou simplesmente da fala – do ponto de vista *saussuriano*[27] – é um momento de construção de realidades. De alguma maneira, existem excessos de possibilidades no mundo que exigem a escolha de uma delas, e a consequente operação de construção da realidade. Há potencialmente muitas possibilidades diferentes de ser, e apenas uma possibilidade real de acontecer. Há um momento em que se poderia, portanto, escolher entre as possibilidades. Mas uma vez estando escolhida, esta constitui a realidade (as outras possibilidades continuam existindo como ambiente). A sociedade se constrói com critérios altamente complexos. A hipercomplexidade como um jogo de incertezas e milhares de problemas está provocando decisões e

---

[25] LUHMANN, Niklas. *El Derecho de la Sociedad.* Op. cit., p. 117.

[26] LUHMANN, Niklas. *La Sociedad de la Sociedad.* Op. cit., 101.

[27] SAUSSURE, Ferdinand de. *Cours de Linguistique Générale.* Publié par Charles Bally et Albert Sechehaye, avec la collaboration de Albert Riedlinger. Paris: Payot, 1985.

constitui uma complexidade organizada, que define todo tipo de interesses. Fica assim muito difícil, numa sociedade ligada à decisão e à complexidade, definirem-se critérios de racionalidade. Mas algumas áreas do conhecimento enfrentam essa questão da racionalidade com grande inteligência. Uma das áreas que tradicionalmente enfrenta a racionalidade de uma forma bem astuta é o Direito.

O Direito estabelece critérios de racionalidade que, na modernidade, construíram uma ótima maneira para enfrentar o problema da complexidade dentro de uma determinada sociedade. Para Luhmann, "el sistema jurídico constituye y reproduce unidades emergentes (incluyéndose a si mismo) que no existirían sin la unidad de operación".[28] A primeira questão que o Direito enfrenta é a questão da *verdade*. A sociedade, desde o ponto de vista da complexidade (excesso de possibilidades), tenta evitar ao máximo o problema da verdade (de qual é a verdade), para que se possa colocar essa aporia de maneira a construir certa ordem social. Por isso, desde o início da modernidade, têm sido estruturadas certas respostas prontas para o problema da verdade. Assim, adquire-se a duração temporal das operações sociais, mantendo-as estabilizadas dentro de certas condições: isso se chama cultura. Cultura é um conjunto de respostas que se cria na sociedade para resolver o problema de sua própria complexidade. São respostas que se mantêm contrafaticamente e fazem com que a complexidade do mundo não apareça. Para Luhmann, "cultura en el sentido moderno siempre es la cultura reflexionada como cultura, i.e., una descripción observada en el sistema".[29]

Como é possível manter uma noção clara de cultura e de estrutura? Graças a uma ideia simultânea de Direito, em que se coloca que certos comportamentos da sociedade devem ser previsíveis, devem ser antecipados, profundamente obrigatórios, de maneira que possa controlar as possibilidades de comportamento. Para Luhmann, "debe haber, entonces, un requerimiento que sirva de mediador entre interacción y lenguaje – una especie de provisión de posibles temas listos para una entra súbita y rápidamente comprensible en procesos comunicacionales concretos. Llamamos a esta provisión de

---

[28] LUHMANN, Niklas. *El Derecho de la Sociedad*. Op. cit., p. 117.
[29] LUHMANN, Niklas. *La Sociedad de la Sociedad*. Op. cit., p. 698.

temas, cultura, y cuando esta se ha almacenado especialmente para fines comunicativos, semántica".[30]

Para se elaborarem discursos dotados de racionalidade, são necessários critérios de verdade. O problema é que a verdade, em si, não existe, que o objeto *verdadeiro* não existe. Por isso, buscam-se critérios discursivos (exteriores) de verdade para a observação da realidade e que possam ser confirmados, ou não, via experiência ou lógica matemática. Portanto, a verdade, como se discute tradicionalmente, se perde em um discurso, que descreve um objeto, analisando se *este* discurso poderá ser verdadeiro ou falso, *e não o próprio objeto*. Ninguém mais se preocupa com a essência dos objetos e das coisas, mas com o discurso. Pode-se discutir se o discurso é verificável, e não, sobre o que, na essência, se está dizendo. Desloca-se a discussão da verdade das coisas para o sentido de um discurso sobre alguma coisa.

De qualquer maneira, essa solução discursiva da questão da verdade, como apenas algo provisório, que dependeria do contexto pragmático dos discursos, é afastada do Direito. O Direito não discute, imediatamente, jamais, a questão da verdade: esse é um problema que não interessa ao Direito. Numa sociedade complexa, a preocupação do Direito vai além da preocupação com a verdade (que interessa indiretamente). Quando se trata de indicar certo tipo de opção que vai construir determinado tipo de realidade, o objetivo é saber se essa opção é válida. A racionalidade do Direito, na cultura da modernidade, é uma questão de validade.

Do ponto de vista do Direito, que tipo de sociedade se tem? Verdadeira? Não existe sociedade verdadeira (natural); nas sociedades complexas, procura-se um tipo de estrutura social que seja válida e, por isso mesmo, legítima. Ou seja, se há muitas possibilidades, é importante que se encontre uma possibilidade que seja *válida*. Nesse sentido, o Direito aparece como uma redução de complexidade, dentro das diversas possibilidades que existem no mundo de ser. O Direito é uma condição de normatividade que determina a regulação e a possibilidade de comportamentos de determinado tipo no mundo: *que não é verdadeira, mas que é válida*. Em suma, não se discute *verdade*; discute-se *validade*; discute-se *tomada de decisão*. E uma das maneiras clássicas no Direito de se evitar o problema da

---

[30] LUHMANN, Niklas. *Sistemas Sociales*. Op. cit., p. 174.

verdade – porque essa é uma questão muito difícil – é discutindo a validade. O Direito substitui a verdade pela cultura dominante. Para Luhmann, "la cultura no es un contenido de sentido necesariamente normativo, pero si una determinación de sentido (reducción) que hace posible distinguir, dentro de la comunicación dirigida a temas determinados, entre aportaciones adecuadas e inadecuadas, o bien entre un uso correcto o incorrecto de los temas".[31]

1.8. Hans Kelsen

Kelsen[32] teorizou, de maneira extremamente brilhante, a questão da racionalidade. Kelsen, já no início do século XX, tentou construir uma Ciência do Direito. Uma ciência como uma teoria apta a reduzir a complexidade do mundo por meio de um sistema dotado de uma metodologia lógico-dedutiva. A ciência é a construção de um sistema coerente, lógico, que possa ser demonstrado. Evidentemente, os neopositivistas da época cobraram de Hans Kelsen onde estariam os critérios de verdade? Como seriam obtidos critérios sintático-semânticos de verificação de afirmações dentro do Direito? O Direito seria apenas puro senso comum? Assim, não se poderia ter uma ciência analítica ou neopositivista – o Direito nunca poderia ser uma ciência constituída de variáveis proposicionais.

Hans Kelsen pretendeu responder à indagação, afirmando o seguinte: o Direito pode ser uma ciência, se colocados os critérios de verdade como secundários ou indiretos. O Direito não se preocupa com a verdade, mas, mesmo assim, pode ser rigoroso, pois os critérios de verdade poderiam existir em um segundo nível de linguagem, em uma metalinguagem de segundo grau. O Direito, desse modo, solucionaria a aporia da verdade e poderia trazer para o seu interior, ao mesmo tempo, como valor positivo, a cultura e o mundo. Dessa forma, leva para o seu interior o tipo de comportamento valorativo que é possível no mundo, mas revisto, reelaborado a partir de uma categoria que tem uma denotação pura, que tem um objetivo universal: *a norma jurídica*. Para Kelsen, na Teoria Pura do Direito, a "norma é o sentido de um ato através do qual uma conduta é prescrita, permitida ou, especialmente, facultada, no sentido de adjudi-

---

[31] LUHMANN, Niklas. *Sistemas Sociales*. Op. cit., p. 174.
[32] KELSEN, Hans. *Teoria Pura do Direito*. 7. ed. São Paulo: Martins Fontes, 2006.

cada à competência de alguém".[33] Já, na Teoria Geral das Normas, Kelsen afirma que, "com o termo (norma), designa-se um mandamento, uma prescrição, uma ordem. Mandamento, não é, todavia, a única função de uma norma. Também conferir poderes, permitir, derrogar são funções de normas".[34] Do mesmo modo, Kelsen indica que o "'destinatário de norma' é só uma expressão para saber, com toda certeza, que a conduta estatuída como devida na norma é uma conduta humana, a conduta de uma pessoa".[35]

Nessa linha de ideias, a norma jurídica proporciona, a partir de uma seleção rigorosa, a imputação de sentido objetivo da natureza. Segundo Kelsen, "quer isso dizer, em suma, que o conteúdo de um acontecer fático coincide com o conteúdo de uma norma que consideramos válida".[36] O Direito é racional, não porque é verdadeiro, mas porque tem uma definição tão rigorosa, que permite que se construa um sistema estático de conceitos a partir do qual se pode estruturar o mundo sob a perspectiva do Direito e da cultura. Para Luhmann, "la comunicación incesantemente estimulada formará entonces, en el mar de posibilidades (plenas de sentido), las islas de comunicación que como cultura, en el sentido más amplio, facilitan el compromiso con la interacción y el final de la misma".[37]

Essa estrutura normativa também equaciona o sentido do *poder*. Por quê? Cada vez que se participa de um processo de tomada de decisões, existem sempre muitas possibilidades; portanto, evidentemente, a possibilidade que vingou é uma possibilidade dotada de poder. Até se pode afirmar: *o poder é uma condição para que se possam tomar decisões*. E, se o Direito concentra decisões prontas, originadas na sociedade da cultura e que preveem sanções que são normativas, então é dotado necessariamente – e de maneira inerente – de poder. O Direito tem força obrigatória.

O poder, a força obrigatória do Direito, se manifesta no normativismo. Uma norma jurídica é dotada de poder, porque deve ter a capacidade de exigir o seu cumprimento, a partir do fato de que, se

---

[33] KELSEN, Hans. *Teoria Pura do Direito.* 7. ed. São Paulo: Martins Fontes, 2006, p. 22.

[34] KELSEN, Hans. *Teoria Geral das Normas.* Tradução de José Florentino Duarte. Porto Alegre: SAFE, 1986, p. 1.

[35] Idem, ibidem, p 12.

[36] Idem, ibidem, p. 21.

[37] LUHMANN, Niklas. *Sistemas Sociales.* Op. cit., p. 417.

alguém não cumprir uma conduta prevista em uma dada norma jurídica, deverá sofrer, como consequência, uma sanção. Para Kelsen, "desta forma, uma determinada conduta apenas pode ser considerada, no sentido dessa ordem social, como prescrita – ou seja, na hipótese de uma ordem jurídica, como juridicamente prescrita – na medida em que a conduta oposta é pressuposto de uma sanção".[38]

O poder do Direito, consagrado na sanção, determina que as possibilidades sociais se reduzam ao determinado pela cultura, por meio de uma regulamentação ordenada pela técnica reguladora social normativa, mostrando a força obrigatória do Estado. Na definição de Kelsen, são sanções os "atos de coerção que são estatuídos contra uma ação ou omissão determinada pela ordem jurídica (...)".[39] Nesse sentido, percebe-se por que, em uma teoria normativista, Estado e Direito são dois elementos que estão lado a lado. Em uma sociedade em que não se deseja que a violência se manifeste, onde se pretenda que exista a paz – a paz é o contrário da violência –, essa cultura da paz se manifesta num tipo de Estado em que toda a sua possibilidade de atuação é feita juridicamente. O Estado de Direito se manifesta somente por meio do Direito, ou seja, é um Estado que sempre usa a força física organizada desde os critérios normativos da sanção para a sua objetivação, determinando o contato entre a cultura e o Direito a partir desses pressupostos da estática. Luhmann enfatiza que "parece que nuestra cultura opera de tal modo que hace entrar distinciones en el pasado, distinciones que luego han de servir de marco en el cual el futuro pueda oscilar".[40]

Por outro lado, a organização do poder necessita ser racionalizada também do ponto de vista da dinâmica. Para tanto, Kelsen utiliza uma metáfora que foi aceita pela dogmática jurídica, que é a da *pirâmide*. Kelsen salienta que o poder do Estado entra no sistema do Direito, mas esse poder precisa ser *detalhado, identificado, em suas ramificações,* no seu interior. Para controlar a racionalidade do poder, é preciso discipliná-lo a partir da ideia de *hierarquia*. O poder é colocado em uma hierarquia, de maneira que ele seja controlado, medido. Ele chega aos poucos. Para Kelsen, "uma norma que representa o fundamento de validade de uma outra norma é figurativamente de-

---

[38] LUHMANN, Niklas. *Sistemas Sociales.* Op. cit., p. 49.

[39] KELSEN, Hans. *Teoria Pura do Direito.* Op. cit., p. 163

[40] LUHMANN, Niklas. *La Sociedad de la Sociedad.* Op. cit., p. 469.

signada como norma superior, por confronto com uma norma que é, em relação a ela, a norma inferior".[41]

Esse poder se regulamenta a partir da concepção de que as normas jurídicas não estão somente no plano estático – sanção –, mas igualmente em um plano dinâmico, onde uma norma superior sempre é o fundamento de validade de uma norma inferior. Ou seja, "o fundamento de validade de uma norma apenas pode ser a validade de uma outra norma".[42] Se uma norma pertence ao sistema, ela é uma norma, por isso mesmo, válida. Para Kelsen, "como norma mais elevada, ela tem de ser pressuposta, visto que não pode ser posta por uma autoridade, cuja competência teria de se fundar numa norma ainda mais elevada. (...) Tal norma, pressuposta como a mais elevada, será aqui designada como norma fundamental (*Grundnorm*)".[43] Nesse sentido, Kelsen aponta, na Teoria Pura do Direito, que, caso "se pergunte pelo fundamento de validade de uma norma pertencente a uma determinada ordem jurídica, a resposta apenas pode consistir da recondução à norma fundamental desta ordem jurídica, quer dizer: na afirmação de que esta norma foi produzida de acordo com a norma fundamental".[44] Dessa maneira, elabora-se um sistema fechado, que permite identificar uma parte do mundo com grande objetividade, ao afastar o problema da verdade.

Essa teoria de Kelsen, hoje, é extremamente insuficiente, porque ela é uma teoria que estabelece critérios de observação muito próprios. Os seus limites são dados por ela mesma e dependem muito dessa noção de Estado e de cultura única. Então, essa é uma teoria que, num certo sentido, comunga com a visão limitada do mundo, que já os marxistas antigamente chamavam de *ideologia*. Isto é, Kelsen observa o Direito como representante de uma cultura caracterizada por um discurso que aparenta reduzir as diferenças do mundo, mas que, na realidade, privilegia muito mais certos interesses particulares do que aqueles que aparecem como universais. Essas questões ideológicas foram afastadas por Kelsen como uma maneira para se propor a validade da cultura da sociedade racional vista como um Estado de Direito.

---

[41] KELSEN, Hans. *Teoria Pura do Direito*. Op. cit., p. 163.

[42] Idem, ibidem, p. 267.

[43] Idem, ibidem, p. 269.

[44] Idem, Ibidem, p. 275.

1.9. Tempo: de Saussure a Kelsen

A teoria a respeito da dimensão temporal dominante no Direito é o normativismo, que impõe na dogmática jurídica a concepção de Tempo de Kant/Newton. Hans Kelsen (Teoria Pura do Direito, 1960), um neoKantiano, vai usar essa noção de Tempo e Espaço, por meio da noção de âmbito de validade. Esta perspectiva kelseniana aproxima-se epistemologicamente daquela do chamado estruturalismo. Ferdinand Saussure, um linguista, demonstra que toda produção de sentido, do significado, é uma relação de valor. E o valor é Temporal.

Para tanto, Saussure elabora uma teoria semiológica dos signos a partir da oposição língua/fala. Essa dicotomia; língua/fala é que produz o sentido: a língua seria o sistema, a fala seria a seleção atual. Essa relação língua/fala é uma relação temporal, porque só podemos entendê-la desde uma outra, a relação entre diacronia/sincronia, que é uma outra relação com o presente e a história. Isto quer dizer que a produção de sentido é uma produção temporal. Não existe comunicação sem Tempo, ou seja, Saussure amplia as possibilidades de sentido neoKantianas. Como exemplo, num dos momentos mais brilhantes do *Curso de Lingüística Geral*, se explica, do ponto de vista estrutural e neoKantiano, como se produz a comunicação num certo momento e num certo Tempo, por meio das relações sintagmáticas e associativas da comunicação. As relações sintagmáticas mostram que os sons, os fonemas, para terem sentido, precisam de um tempo de articulação, de estruturação, para serem formados. Por exemplo: no Tempo sintagmático, quando se têm quinze minutos para falar, nesse Tempo somente se pode falar, emitir, os sons se podem emitir durante quinze minutos sintagmaticamente. Porém, ao mesmo Tempo, podem-se, em cada sintagma, em cada signo, em cada palavra, transmitir-se relações associativas. Então se diz linearmente, sintagmaticamente, algumas coisas, mas associativamente, sempre se diz muito mais. Ou seja, a relação sintagmática/associativa, do ponto de vista Temporal, diz associativamente muito mais que o sentido literal. E é por isso que sempre um texto diz muito mais do que se pretende e menos do que se pensa.

A semiologia saussureana foi utilizada pela primeira vez, em relação ao Direito penal, já em 1980, por Rosa Maria Cardoso, para desmascarar o mito do princípio da legalidade, mostrando que este somente seria possível se as palavras da lei se reduzissem aos sintagmas, às palavras escritas. Para a validade de princípio da legalidade não existiam junto com essas palavras relações associativas. Ora, se há relações associativas, a interpretação é sempre mais ampla. Sem princípio da legalidade, o tempo está livre, e a Lei pode retroagir. Deste modo, percebe-se que há um tesouro, uma riqueza quase infinita na língua, e um limite espacial na fala, que somente é ultrapassado levando-se em consideração simultaneamente as oposições da semiologia e da linguística. Essas oposições, como a existente entre diacronia/sincronia que estão em Saussure, são muito semelhantes, respeitadas algumas especificidades, as ideias de estática e dinâmica no normativismo jurídico kelseniano.Trata-se de uma concepção de presente e uma concepção de história que estariam, ao mesmo Tempo, conjugadas, na produção de sentido do Direito.

Assim, não se pode entender o Direito do ponto de vista normativista sem uma estática e uma dinâmica, sem o presente a história. Mas tudo isso ainda é originário de Kant, sendo aplicações estruturais de Saussure e de Kelsen, de neoKantismo ao Direito. Na atualidade, o grande problema é que essa noção de Tempo e espaço, kelseniana, saussureana, não funciona mais. Essa noção de Tempo e espaço não é mais válida, porque nós estamos numa outra forma de sociedade globalizada. A concepção de Tempo e espaço de Newton, que se mantinha filosoficamente com a de Kant, é uma categoria que permitiria duração, permitiria antecipação: Tempo para pensar, Tempo para refletir, Tempo de continuidade. O fato é que depois de Albert Einstein, que também não é o culpado por ser o mensageiro, a *Teoria da Relatividade* vai destruir a noção de Tempo linear, abrindo lugar para as teorias da indeterminação e da imprevisibilidade. Isto é, não há mais o Tempo do antes e do depois, o passado e o futuro. Assim deixa de ter sentido toda epistemologia montada numa racionalidade ligada à ideia de Tempo e espaço newtoniano. Por tudo isso, então, é necessário procurar-se como alguns chamam *o ponto de mutação*, pensar um novo Tempo, um Tempo da relatividade. Neste novo Tempo tudo é instantâneo, não existe mais a separação rígida entre passado, presente e futuro. O Tempo é imediato, impedindo que a Teoria do Direito possa se desenvolver dentro dos padrões normativistas kelsenianos. Por isso, a importância das teorias sistêmicas para a observação da complexidade do Direito atual.

1.10. Tempo Social e Direito

O Tempo é a sucessão contínua de instantes nos quais se desenvolvem eventos e variações das coisas. Para Teoria dos Sistemas é a observação da realidade a partir da diferença entre passado e futuro. A Constituição é a forma estruturada nas sociedades diferenciadas características da modernidade para a operacionalização/observação das relações entre o Direito e a Política. Podem-se apontar alguns lugares diferentes de observação da evolução do Direito a partir de sua inserção na ideia de *Tempo Social*.

A definição do Tempo està ligada à forma de sociedade em que vivemos (Claude Lefort, Cornelius Castoriadis). Nesta perspectiva, o Tempo é contextual (espacial). A concepção de Tempo dominante na dogmática jurídica é originária da filosofia de Kant e da física de Newton, e, portanto, das estruturas tradicionais de regulação social. Pode-se dizer assim que o Tempo determina o tipo de estruturação temporal do Direito, e que o Direito, por sua vez, autorreproduzindo-se nesta lógica, contribui com a manutenção dessa temporalidade instituída. A constituição é uma das conquistas evolutivas desta organização do Tempo.

No entanto, no início do século XXI, surgiu uma nova forma de sociedade, que se pode chamar, conforme os autores, de globalizada, pós-moderna, modernidade-reflexiva, modernidade líquida, que tem como uma das características fundantes a dissolução desta noção de Tempo/Espaço tradicional. Portanto, uma das possibilidades de se pensar, de se entrar, nessa nova forma de sociedade poderia ser tentada a partir da ideia de Tempo: o que é o Tempo dentro dessa nova forma de sociedade? E onde é que o Direito contribui para a construção do Tempo? E qual seria o papel da Constituição? E do Estado?

1.11. Crise do Estado

Assim, o que acontece hoje com uma teoria normativista no contexto de uma irreversível crise do Estado? Crise da soberania e de suas funções. A hipercomplexidade gerada pela globalização impede uma racionalidade objetiva da teoria kelseniana. Por quê? Seguindo o que preconiza Kelsen, evita-se a questão da verdade por meio da construção de um sistema de validade hierárquico, no qual o Estado se manifesta conjuntamente com o Direito. Sem um Estado forte, a validade não é suficiente para a imposição da cultura dogmática na sociedade.

O Estado é historicamente a grande organização da política. O poder sem a hierarquia estatal libera-se e volta para as microrrelações sociais. Voltam os problemas. Qual é o critério para a verdade na afasia de racionalidade? O retorno da questão da verdade implica agora também a revisão da distribuição do poder. Desse modo, ocupam o centro da cena do Direito problemas políticos, que acarretam *problemas de legitimidade*. Por tudo isso, a partir da segunda metade do século XX, a epistemologia jurídica declara que o conceito de norma jurídica é insuficiente.

Para o enfrentamento dessa nova realidade política, em que a ecologia ocupa lugar de destaque, amplia-se a noção de sistema jurídico. Além das normas, ele é também constituído por regras e princípios. O Direito não pode mais fugir de um contato, que sempre existiu, dentro da complexidade, com outros sistemas, notadamente, o sistema político e o sistema econômico, que manifestam também outros tipos de problemas. Ou seja, *o sistema começa a ser aberto*. O fechamento operacional, que Kelsen propôs realizar no Direito, afastando a ideia de verdade e acentuando a validade, não pode evitar a entrada da questão do poder.

O pós-positivismo, originário das críticas ao normativismo, impõe a tomada de consideração para a racionalidade jurídica de seus atores sociais, principalmente, o Poder Judiciário. E coloca, como uma questão extremamente relevante, aquilo que Kelsen ignorou e simplesmente jogou para o capítulo final da *Teoria Pura do Direito*: a interpretação. Nessa linha de raciocínio, os operadores do Direito ocupam o centro do sistema do Direito. Porém, retornam, com esse enfoque, à discussão da racionalidade e verdade e da cultura. O Direito kelseniano obtém a sua legitimidade a partir da Constituição, que é o fundamento da unidade e validade do sistema normativo e do Estado. Se se vive numa sociedade globalizada, a cultura também se fragmenta, e o Direito passa a ser plural, configurando-se como um tipo de Direito no qual as normas jurídicas não são o mais importante. Isso determina mais mudanças e consequências do que imagina a crítica jurídica.

Em relação ao método, por exemplo, o raciocínio se obriga a romper com o racionalismo dedutivo. Segundo Kelsen, o sistema normativo é possível graças ao fato de que uma norma jurídica se relaciona dedutivamente com as outras a partir, na estática, do conceito de sanção e, na dinâmica, do conceito de validade. Não se pode pensar em uma verdade que, logo ali, não é mais verdade. Porque, em sendo assim, não é uma verdade. A verdade pressupõe certa universalidade. Então, o sistema kelseniano joga com a ideia axiomática, segundo a qual, uma vez presentes certas características do sistema normativo, estas se reproduzem, por dedução, ao infinito, desde que se passe pelo critério da validade constitucional, para a produção de novas normas. Como a norma jurídica é uma abstração ontológica, a dedução não existe no Direito. A aporia da verdade renasce com toda a sua exigência, pois, se o Direito não resolve, quem o fará? O sistema econômico ou o sistema político?

1.12. Efetividade do Direito

Como se podem pensar possibilidades de racionalidade de um outro tipo para o Direito? Uma primeira alternativa que surge, e é interessante, é a ideia de *efetividade* Se a validade de um sistema normativo é dada por uma hierarquia, agora, a validade é trocada ou colocada em segundo plano. Então, o mais importante para o sistema do Direito – não mais normativo – passa a ser a *efetividade*. É preciso eficácia naquilo que o Direito determina como comportamento obrigatório, como possibilidade de construção de algum tipo de realidade social. Nesse aspecto, percebe-se como a sociologia de Max Weber[45] substituiu a teoria kelseniana com sua proposta de uma racionalidade prática da compreensão das relações entre meios e fins.

O grande problema do Direito nas sociedades complexas passa a ser, portanto, a efetividade de seu processo de tomada de decisões. O Poder Judiciário ocupa, nessa lógica, uma função determinante: operacionalizar, com efetividade, a equação entre os meios normativos e os fins sociais. Como o Judiciário é um dos três Poderes do Estado de Direito, ele procura o sentido de suas práticas na Constituição. Porém, desse modo, ocorre uma inversão em relação à

---

[45] WEBER, Max. *Economia y sociedad:* esbozo de sociología comprensiva. 2. ed. México: Fondo de Cultura Económica, 1969-1977. 2 v.

proposta kelseniana de Constituição, como fundamento supremo de validade, localizado no topo da hierarquia do sistema. O poder que se diluía na verticalidade do normativo passa a ser ocupado pelo Judiciário. A verdade também dependeria dos juízes, pois estes detêm o privilégio de atribuir sentido ao Direito.

Nessa linha de raciocínio, muitos juristas começaram a solicitar um maior rigor nas decisões judiciais. Por isso, uma saída muito importante tomada na hermenêutica foi a de que toda decisão deve ter como base a Constituição, os princípios e os Direitos fundamentais. Isso engendrou uma forte publicização do Direito privado. Por isso, o recurso ao Estado, como responsável pela efetividade do Direito, se tornou uma regra.

No entanto, ainda existem muitos problemas nessa maneira de pensar o Direito. O método, como se viu, não pode ser mais o *método dedutivo kelseniano.* O *método* adotado passa a ser o *indutivo,* voltado à observação empírica das decisões individuais. O método indutivo do estudo de caso, ao bom estilo americano, torna-se a grande novidade. O centro de decisão da racionalidade do Direito é, assim, muito fragmentado. De qualquer maneira, não se pode pensar em método indutivo, seguindo a teoria do Estado neokelseniana, que é pensada de forma dedutiva. Se se entender que a Constituição é o mais importante, dever-se-á adotar o método dedutivo. Se, ao contrário, se enfatizar a interpretação feita pelo Poder Judiciário em casos concretos, optar-se-á pelo método indutivo. Parece, na realidade, que o método jurídico confunde o dedutivo com o indutivo e que existe meramente uma dialética do bom-senso, o que faz com que se esteja distante da verdade.

1.13. Pluralismo Jurídico

Uma grande mudança teórica e política, ocorrida no final do século XX e neste início do século XXI, no raciocínio jurídico, foi o denominado *Pluralismo Jurídico.* O pluralismo jurídico, provocado pelo sucesso da sociologia do Direito, é mais interessante do que o pós-positivismo. Por quê? O pluralismo jurídico já percebeu, e desde os seus primórdios, que o Estado – nem se está falando na crise do Estado – não é o único centro produtor de normatividade. Isso quer dizer que existem outros centros produtores de direitos na sociedade.

Hoje, existem, cada vez mais espaços locais de poder, onde existem comportamentos obrigatórios, onde existem regras para serem cumpridas, onde há critérios de controle temporal das expectativas normativas da sociedade, *que não derivam do Estado*. E são extremamente variados: movimentos *sociais*, sindicatos, ONG's e *comunidades*, que têm regras próprias para a tomada de decisões para grupos de pessoas que as seguem. Assim, são outras regras de Direito que estão surgindo. De certa maneira, sempre existiram, mas estão surgindo sob a *observação* da sociedade.

A globalização vai forçar a um outro tipo de observação que antes não havia. *Não é que as coisas não existiam, elas não eram observadas*. Então, o Direito, hoje, necessariamente, deve ser observado de forma diferente, não normativista. Do ponto de vista internacional, também, pois é importante analisar outros tipos de possibilidades de organizações que existem no exterior, como a ONU,[46] grandes multinacionais e a União Europeia etc. Há, assim, uma observação plural do mundo ou, caso se queira, mais do que um pluralismo, um multiculturalismo. Há muitas outras possibilidades de normatividade, e tudo isso faz com que se esteja muito longe da teoria kelseniana. Niklas Luhmann não aceita a ideia do pluralismo jurídico, porque defende a existência de uma sociedade global, mas, conforme já se salientou, admite a policontexturalidade. Assim, quando se fala em pluralismo, faz-se a inserção na pesrpectiva de Teubner, de um Pluralismo da Policontexturalidade.

1.14. Paradoxo e Autopoiese

Nesse contexto intelectual, novos tipos de observação de segunda ordem se impõem. Por tudo isso, é que se insiste na teoria da sociedade vista como autopoiese,[47] porque a autopoiese tem a proposta de pensar essas questões de uma forma completamente diferente, de um ponto de vista que, perante os critérios de verdade da dogmática jurídica, são *paradoxais*. Toda produção de sentido depende da ob-

---

[46] Disponível em: <http://www.un.org>

[47] ROCHA, Leonel Severo et alli. *Introdução à Teoria do Sistema Autopoiético do Direito*. Porto Alegre: Livraria do Advogado, 2005.

servação. Para Luhmann, "si ha sempre un'osservazione quando si distingue per indicare um lato (ma non l'altro) della distinzione".[48] Não há, no mundo de hoje, uma noção de espaço e tempo, onde e quando se possa dizer: "Estou no presente, aquilo é passado e aquilo é futuro". *Depende de onde se está observando.* Na ótica de Luhmann, "el tiempo es, para los sistemas de sentido, la interpretación de la realidad en relación con la diferencia entre pasado y futuro".[49]

Não é possível, nas sociedades complexas, uma ruptura radical entre passado e futuro. Assim, algumas questões do normativismo podem estar ainda muito presentes em certas questões e, para outras, não fazerem nenhum sentido. O normativismo está ultrapassado? *Depende.* Nessa ótica, segundo Luhmann, "la complejidad del sistema tiene en consecuencia siempre dos lados, uno ya determinado y otro indeterminado aún. Esto dota las operaciones del sistema de la función de determinar lo todavia indeterminado y de regenerar, al mismo tiempo, la indeterminación".[50] Isto é, não se dispõe de um *corte epistemológico* como queria Bachelard,[51] que separaria o senso comum do saber científico. Existem passagens, portais, que fecham e não fecham. Depende da observação do problema. Por isso, o interesse na ideia de *paradoxo.*[52] Do ponto de vista temporal, eventos do passado ainda estão presentes aqui, hoje, e outros já desapareceram. Para Luhmann, "la frecuencia de cambio del mundo es lo suficientemente alta para que pueda ser simbolizada como la inevitabilidad del acontecimiento tempo".[53]

Na mesma linha de Luhmann, Teubner afirma o seguinte: "O Direito determina-se a ele mesmo por autorreferência, baseando-se na sua própria positividade".[54] Isso quer dizer que não há uma possibilidade na globalização, de se fazer, como propõe o normativismo,

---

[48] LUHMANN, Niklas. *Organizzazione e Decisione.* Traduzione di Giancarlo Corsi. Milano: Paravia Bruno Mondadori Editori, 2005, p. 103-104.

[49] LUHMANN, Niklas. *Sistemas Sociales.* Op. cit., p. 97.

[50] LUHMANN, Niklas. *La Sociedad de la Sociedad.* Op. cit., p. 590.

[51] BACHELARD, Gaston. *Le Nouvel Esprit Scientifique.* Paris: Quadrige/PUF, 2006.

[52] ROCHA, Leonel Severo; CARVALHO, Delton Winter de. Auto-referência, Circularidade e Paradoxos na Teoria do Direito. In: *Anuário do Programa de Pós-Graduação em Direito da Unisinos,* São Leopoldo, 2002. p. 235-253.

[53] LUHMANN, Niklas. *Sistemas Sociales.* Op. cit., p. 97.

[54] TEUBNER, Gunther. *O Direito como Sistema Autopoiético.* Lisboa: Calouste Gulbenkian, 1993, p. 2.

um processo de tomada de decisões com certa racionalidade, simplesmente seguindo critérios normativos de validade, ou abrindo o sistema para uma participação maior do Estado como condição de efetividade. Essa perspectiva é insuficiente. Vive-se um momento no qual a complexidade se manifesta de tal forma que, numa primeira observação, só existiria *fragmentação*. Surgem, assim, muitas culturas diferentes. Surgem espaços de identidade em construção e sempre questionáveis. Não existem mais possibilidades de observação verdadeiras, tranquilas e seguras.

1.15. Hiperciclo

Por sua parte, Teubner afirma que o Direito da modernidade pode ser observado desde o conceito de *Hiperciclo*. Para Teubner, "se aplicarmos tentativamente a ideia de hiperciclo ao direito, vemos que autonomia jurídica se desenvolve em três fases. Numa fase inicial – 'dita de direito socialmente difuso' –, elementos, estruturas, processos e limites do discurso jurídico são idênticos aos da comunicação social geral ou, pelo menos, determinados heteronomamente por esta última. Uma segunda fase de um 'direito parcialmente autônomo' tem lugar quando um discurso jurídico começa a definir os seus próprios componentes e a usá-los operativamente. O direito apenas entra numa terceira e última fase, tornando-se 'autopoiético', quando os componentes do sistema são articulados entre si num hiperciclo".[55]

Nesse sentido, o Direito como autopoiese tenta observar a complexidade, conjuntamente, a partir de três critérios importantes: circularidade, indeterminação e imprevisibilidade. Inicialmente, o esvaziamento da hierarquia kelseniana impõe a ideia de circularidade. Por isso, segundo Teubner, "a realidade social do Direito é feita de um grande número de relações circulares. Os elementos componentes do sistema jurídico – ações, normas, processos, identidade, realidade jurídica – constituem-se a si mesmos de forma circular (...)".[56] O segundo critério é aquele da *indeterminação*, que recusa o princípio da causalidade e da dedução. O mundo é indeterminado, não tem origem racional. Para Luhmann, "la diferenciación funcio-

---

[55] TEUBNER, Günther. *O Direito como Sistema Autopoiético*. Op. cit., p. 77.

[56] Idem, ibidem, p. 19.

nal se basa em uma clausura operativa de los sistemas-función incluyendo la autorreferencia. Esto trae como efecto, que los sistemas funcionales se colocan a sí mismos en un estado de indeterminación auto-producida. Esto puede expresarse en la forma de medios específicos de los sistemas con el dinero y el poder – los cuales pueden adquirir formas muy diversas".[57] E, por isso mesmo, o terceiro é a imprevisibilidade, *incerteza*. E, nessa lógica, há *paradoxos*. E como é possível que exista um sistema de validade ou de método dedutivo ou indutivo, num mundo paradoxal?

Isso indica que a autopoiese é um novo tipo de metodologia para o enfrentamento de tal complexidade. Na autopoiese, o sistema é a unidade da diferença entre sistema/ambiente. A teoria da autopoiese parte do pressuposto de que os sistemas são o centro de tomada de decisões, a partir das organizações. Por isso, os sistemas têm como função principal a sua auto-organização, a sua auto-observação e a definição de seus limites: a definição de seus *horizontes*. Como se pode construir um mínimo de racionalidade num mundo altamente complexo, onde se têm centenas, milhares de sentidos possíveis? *Observa-se o mundo a partir do sistema*; que, finalmente, é o único ponto de partida que se pode ter.

Uma alternativa que está sendo tomada é, portanto, analisar o Direito como um sistema autopoiético. Os sistemas autopoiéticos se constituem de comunicações. Já os atores sociais são aqueles que constroem, na sociedade, os processos decisórios. Podem ser caracterizadas como a própria sociedade, as interações e as organizações. No Direito, a organização mais importante, pois está no centro do sistema de comunicação, é o Poder Judiciário, que, no Brasil, por exemplo, tem uma função *desparadoxizante*; tem de tomar decisões frente à indeterminação e a incertezas.

Os juristas observam o mundo a partir do sistema do Direito, e ele depende, para a sua efetividade, do Poder Judiciário como organização. Para um mínimo de efetividade, é necessário ter-se clareza desse fato. Graças às operações das organizações, far-se-á a construção de um mundo conforme o Direito. Ou seja, a ideia de autopoiese diz o seguinte: o sistema do Direito tem de autorreproduzir uma organização, para, a partir daí, ela definir seus próprios problemas,

---

[57] LUHMANN, Niklas. *La Sociedad de la Sociedad*. Op. cit., p. 590.

seus próprios limites e construir a sua verdade (que é sempre uma construção).

Nessa mesma perspectiva, quando se operacionaliza no Direito, constrói-se uma realidade jurídica, não importando, nesse momento, examinar o sistema da Economia, o sistema da Política etc., porque não há condições de observação tão sofisticadas para entender o que não se está preparado para observar a partir do próprio sistema. A autopoiese é uma opção pela invenção, que depende da autocriatividade. Para o *construtivismo*,[58] os problemas não estão presentes no mundo exterior, os problemas não existem sem um sistema que os cause. O sistema do Direito é que finalmente define os problemas que o sistema do Direito pode observar e decidir. Os problemas que *não são* parte do sistema do Direito não são problemas, *não existem*.

Com isso, a autopoiese enfrenta o relativismo do mundo, pois o sentido é dado pela autopoiese, pela auto-organização, já que os limites foram os próprios sistemas que construíram. Não se observa o mundo; o ser humano só observa o mundo em que vive, sempre a partir das perspectivas que ele tem. Em uma constante diferença com o ambiente, a construção desses limites é que vai definir a felicidade, o bem-estar e a própria democracia.

No entanto, devido aos paradoxos, até para encaminhar a conclusão, ocorrem crises autopoiéticas dos sistemas no mundo hoje. Cada vez que não se consegue observar o mundo a partir somente do Direito, surge irritação e ocorrem problemas de falta de eficácia e efetividade. Nesse caso, os sistemas têm dificuldade autopoiéticas. A autopoiese implica uma autonomia do sistema dentro da dependência, uma capacidade de autorreprodução, que possui um outro lado, a *heteropoiese* (autopoiese/heteropoiese).

A heteropoiese é forte quando o sistema do Direito não consegue operacionalizar o seu fechamento. O pós-positivismo tem recorrido à Constituição como uma condição de fechamento operacional da hermenêutica do sistema. Se a Constituição não produzir efetividade, corre-se o risco de uma crise autopoiética.

Na globalização, necessita-se acrescentar à dogmática jurídica mecanismos paraestatais (organizações internacionais), que permitam a influência de outras culturas, de outras estruturas, de uma

---

[58] LE-MOIGNE, Jean Louis. *Le Constructivisme*. Paris: Harmattan, 2002.

diversidade social maior, para se poder autorreproduzir o Direito a partir de critérios mais abrangentes, ou seja, um Direito estruturalmente aberto para uma diversidade cultural mais ampla.

1.16. Policontexturalidade

Günther Teubner discute os detalhes dessa ideia de crises autopoiéticas, recuperando o que Luhmann afirma, no livro *Sociedade da Sociedade*, sobre a ideia de *policontexturalidade*.[59] Cada vez mais, no mundo, os textos – se se quiser falar em textos – não são textos, são *politextos*, são *policontextuais*. Warat já falava em polifonia.[60] De todo modo, não é correto usar os termos *texto* ou *contexto*. Isso seria a história de um mundo muito simples. Se se pretende manter essa linguagem, o nome a ser designado é *policontextural*.

A *policontexturalidade* é uma proposta que permite que se observem, a partir das categorias da teoria dos sistemas, os novos sentidos do Direito. Por exemplo, relacionando o Direito com o sistema político, observar, desde a forma sistema/ambiente, que existem centros e periferias dentro da sociedade global, que, dependendo do assunto (Direito ou religião, v.g.) e do observador, seriam centro ou periferia. O Brasil é centro ou periferia? Depende. Pode ser um centro de produção cultural importantíssimo, ou pode ser uma periferia na economia. Não se pode falar em centro e periferia *sem se dizer em quê*. Centro/periferia é uma forma criada por Luhmann[61] para que se possa ter uma oposição maleável, um código – se é possível um código na sociedade – que permita analisar a inclusão e a exclusão na heterogeneidade das possibilidades do mundo.

Por isso, Teubner afirma que é preciso se pensarem novos tipos de direitos que surgiram na periferia, mas que também têm autonomia, como se fossem o centro: os direitos *softs*, *soft law*, *direitos híbridos*, direitos de contratos internacionais, direitos de organizações internacionais, que têm uma lógica própria. E que começam a surgir, paralelos ao Estado, na globalização. O surpreendente, exemplifica Teubner, é que grandes multinacionais, ao regularem a sua atua-

---

[59] TEUBNER, Gunther. *Diritto Policontesturale*: Prospettive Giuridiche della Pluralizzazione dei Mondi Sociali. Napoli: Edizioni Città del Sole, 1999.

[60] WARAT, Luis Alberto. *O Direito e sua Linguagem*. Porto Alegre: SAFE, 1995.

[61] LUHMANN, Niklas. *Teoria della Società*. 8. ed. Milano: Franco Angeli, 1996.

ção, seguem os direitos, têm regras e, às vezes, código de ética (para seus interesses). Em poucas palavras, a grande empresa tem códigos de atuação normativas, que não são necessariamente os mesmo dos países.

Nas sociedades complexas, está surgindo, assim, uma nova cultura jurídica. Se se quiser pensar, do ponto de vista normativo, na hipercomplexidade relacionada à lógica de empresas de informática, de biogenética e, principalmente, relacionada às questões ecológicas e manter, de certa maneira, a autopoiese, desesperadamente, é imperioso que se pense em provocar irritações dentro do sistema do Direito de maneira que a lógica estrutural seja uma lógica que não se confine somente na organização estatal e na Constituição. Por isso, a intenção de se refletir sobre um Direito multicultural: um Direito que permita a abertura para essa variedade de culturas. Um Direito que permita, pelo menos a partir da ideia de sistema, pensar a equivalência (Luhmann aceita a ideia de equivalência).

O Direito comparado é extremamente importante para se imaginar que, apesar de tudo, existem alguns critérios suscetíveis de equivalência universal nos sistemas jurídicos, que permitem esse diálogo entre culturas, desde que se tenha essa lucidez. Perante a crise da observação normativista e a dificuldade da autorreprodução autopoiética da dogmática jurídica, a teoria dos sistemas sociais recupera a ligação entre Direito, verdade e cultura na policontexturalidade. Essa é uma condição necessária para a construção de um espaço pluricultural e democrático, que origine a estruturação e reestruturação de novas possibilidades de produção de identidade e sociedades mais igualitárias.

2. A verdade sobre a autopoiese no direito

Michael King

2.1. Construção e demolição da Heresia de Luhmann

2.1.1. Preâmbulo

Lembro-me de ter comparecido, em 1990, ao lado de uns poucos outros, a uma sessão da *Law and Society Association's Amsterdam Conference*, num enorme auditório, em que Niklas Luhmann ouviu avaliações de seu trabalho por parte dos professores da Cardozo Law Faculty e a elas respondeu. Depois da conferência, que durou umas três horas, houve uma recepção informal e uma oportunidade de conhecer Luhmann. Na mesa do cafezinho, encontrei-me conversando com uma estudante de direito dos Estados Unidos, que se declarou uma admiradora apaixonada de Luhmann e me disse que tencionava dirigir-se a ele e fazer-lhe uma pergunta sobre direito e autopoiese. Quando ela me contou qual seria sua pergunta – cujo conteúdo exato ora me falta – ficou claro para mim que seu entendimento da teoria autopoiética era de fato escasso. Travessamente, eu a estimulei a ir em frente e colocar-lhe sua questão, curioso de saber como ele haveria de responder a uma interpretação tão equivocada de suas ideias. Logo em seguida, voltei a me encontrar com ela e lhe perguntei se ela conseguira fazer a pergunta a Luhmann. Ela me disse que ele "tinha sido muito simpático", e que o conselho que lhe havia dado fora "leia mais".

Refletindo a esse respeito, não tenho bem a certeza se ler mais é suficiente para aqueles que, baseados em muito pouca leitura, ficam ou superentusiasmados ou hipercríticos acerca da autopoiese.

A maior parte da obra de Luhmann é, para secundar as palavras de um crítico da tradução inglesa de *Social Systems*,* capaz de se mostrar uma leitura difícil para o público anglo-americano. Esse crítico escreveu "o vôo de Luhmann acima das nuvens" é "comparável em sua abstração conceitual à *Ética* de Spinoza, à *Lógica* de Hegel ou à *Arqueologia do Saber* de Foucault".[1] No mesmo diapasão, um obituário de Luhmann na *Radical Philosophy*** identifica como razão principal do descaso em relação a sua obra o grau de

> (...) dificuldade e complexidade da teoria dos sistemas que é marca característica de Luhmann (...) sua teoria se coloca em tal nível de abstração e reflexividade que é quase sempre difícil de lhe perceber a relevância, mesmo entre aqueles acostumados a livros de cabeceira mais metafísicos.[2]

Longe de mim querer sugerir que todos esses estudiosos anglo-americanos, que já deram seu veredito acerca da teoria da autopoiese, sejam diletantes ou de pouca proficiência intelectual. Enquanto alguns – como este artigo e suas notas de rodapé irão demonstrar – podem haver lançado seus dedos ao teclado à base de pouquíssima leitura ou engajamento na empreitada de Luhmann, meu principal propósito não é o de denunciar sua pouca aplicação ou censurá-los por algo que todos tenhamos feito numa ocasião ou noutra. É, ao contrário, o de identificar, através de breve análise das múltiplas e variadas críticas à teoria da autopoiese, as dificuldades particulares que a teoria apresenta aos estudiosos, sejam de cunho jurisprudencial ou sociológico, nas tentativas que fizeram para enfrentar suas complexidades e as formas que divisaram para superar ou contornar tais dificuldades. Seria, entanto, insincero de minha parte sugerir que o propósito deste artigo seja puramente analítico. Tendo sentido na pele os duros e desdenhosos ataques à autopoiese publicados em revistas e livros americanos e ingleses em anos recentes, seria exigir demais de minha autodisciplina negar-me inteiramente o prazer de responder a algumas dessas críticas.

---

* N. do T.: *Soziale Systeme: Grundriß einer allgemeinen Theorie*, Frankfurt: Suhrkamp, 1984. (English translation: *Social Systems*. Stanford: Stanford University Press, 1995)

[1] KOGLER, H. H. "*Social Systems Review Article*", The American Journal of Sociology 103(1) (1997), 217-273, na p. 271.

** N. do T. A *Radical Philosophy* é uma revista acadêmica de teoria crítica e filosofia continental da Grã-Bretanha com seis edições anuais.

[2] VANDERBEGHE, F. "*Niklas Luhmann 1927-1998: Systemic Supertheorist of the Social*". Radical Philosophy 94 (1999) (http://www.speke.ukc.ac.uk/scel/philosophy/rp/biog/94luhmn.htm)

Os que leram o romance *Pale Fire* lembrar-se-ão do artifício usado por Nabokov de colocar em suas notas comentários com interpretações grosseiras e errôneas ao texto que se propõe a explicar. Esses comentários são escritos por um esquizofrênico paranóico, Botkin (*alias* Kinbote), que acredita ser o rei exilado de Zembla. Quando Shane, autor do poema *Pale Fire,* é morto a tiros por um evadido do Manicômio Judiciário, Kinbote acredita que a vítima era para ser ele, e que o assassino havia sido enviado pelo governo extremista de Zembla para matá-lo. Em todos os comentários ao poema de Shade, ele reconstrói o dueto heroico do poeta de formas que lhe permitam derramar suas fantasias de rei, sua fuga de Zembla e seu exílio na América. Kinbote está obviamente muito mais interessado em contar *sua* história do que fazer ao poema justiça literária. Utilizo-me neste artigo de artifício parecido, mas faço-o ao contrário. Uso o texto principal para ajustar contas com os críticos da teoria autopoiética, que, em seus ataques, conseguem mal citá-la, mal entendê-la e mal interpretá-la, fazendo-o de forma a dizerem mais acerca de suas perspectivas teóricas, ideológicas ou morais do que em relação ao objeto de sua crítica. Nas notas, refiro-me, onde possível, a citações diretas, colocando o que Luhmann e outros autores autopoiéticos realmente disseram em notas de rodapé grafadas em itálico. Para apimentar essas notas, tomo a liberdade de fazer minha própria apreciação ao que disseram esses críticos e de indicar a proximidade ou distância que seus mísseis passaram do alvo. No texto principal deste artigo, entanto, minha intenção é a de apresentar um relato das formas com que a teoria foi interpretada por diferentes estudiosos.

Num rascunho deste artigo, eu terminava a oração anterior com as palavras "diferentes estudiosos da tradição anglo-americana", mas, refletindo, constatei que, enquanto haja, é claro, uma grande diferença na tradição jurídica dos países da *common law* e da *civil law,* deve-se ter em conta que há movimentos na direção de se estenderem distinções entre culturas jurídicas à jurisprudência e à ciência social.[3] Como sugiro mais além neste artigo, tais distinções deveriam ser vistas no contexto de tentativas dos estudiosos de enfrentar as complexidades da teoria autopoiética com sua linguagem e conceitos pouco familiares. Descrever a autopoiese como estranha ou obscura *por causa* de suas origens europeias parece para min não

---

[3] LEMPERT, R. "*The autonomy of law: two visions compared*" *in* TEUBNER, G. , org., *Autopoietic law: a new approach to law and society.* Berlin , New York: Walter de Gruyter, 1988, p. 152-190.

entender do que se trata. Muitos autores europeus têm também dificuldades consideráveis com a teoria.[4] Na outra face da medalha, o que se tem a fazer é só ler os trabalhos daqueles que (em ambas as margens do Atlântico e do Canal da Mancha) foram bem-sucedidos na compreensão da teoria e em relacioná-la à obra de outros pensadores contemporâneos de qualquer continente para reconhecer a natureza bastante artificial e construída dessa Grande Divisão.[*]

Numa tentativa de criar alguma ordem a partir da multidão de comentários de advogados, sociólogos, filósofos e pesquisadores de sociologia do direito acerca da teoria autopoiética, tentei classificar diferentes espécies crítica e identificar aqueles aspectos da teoria que parecem despertam mais reações. São também estes aspectos que, diria eu, causam maiores problemas à compreensão dos estudiosos anglo-americanos. Dividi, assim, minha análise nas seguintes seções, que refletem tanto os aspectos problemáticos da teoria quanto as estratégias adotadas pelos estudiosos anglo-americanos para enfrentá-los: 1) rejeição sumária 2) assimilação 3) (des)entendendo o "fechamento" 4) (errônea) atribuição de responsabilidade.

2.1.2. Comentários à teoria autopoiética

2.1.2.1. Rejeição sumária

Lendo algumas críticas mais severas à teoria autopoiética, tem-se a distinta impressão de que esses críticos vêem a teoria quase como uma fé religiosa (ou diabólica), e seus partidários, como seguidores fanáticos de líderes carismáticos, mas desorientados. Isso, é claro, não tem nada de novo. Marxistas, freudianos e darwinistas foram, em certa altura, rotulados de fanáticos por seus críticos. É, porém, totalmente inadequado ver os teóricos autopoiéticos dessa forma, uma vez que, por suas próprias posições teóricas, vêem a religião

---

[4] Veja ROTTLEUTHNER, H. "*A purified sociology of law: Niklas Luhmann on the autonomy of the legal system*". Law and Social Review 23/5 (1989), 779.797. ROTTLEUTHNER, H. "*The limits of law – the myth of the regulatory crisis*". International Journal of the Sociology of Law 17 (1989), p. 273-285.

[*] N. do T. – O autor faz aqui u'a metáfora, aludindo à *Great Divide* (Grande Divisão) ou *Continental Divide* (Divisão Continental), nome dado à região montanhosa norte-americana que faz o divisor das águas fluviais que escoam no Pacífico das que fluem rumo ao Atlântico, e estas das que, mais ao norte, têm sua foz no Mar Glacial Ártico.

como coisa autorreferente, sem pretensões justificáveis à universalidade no mundo moderno.

Muito próxima a esta abordagem está a da autopoiese como dogma. Ou se a aceita, ou se a rejeita. Em certo plano, isso está certo! A autopoiese é uma teoria abrangente, uma visão total, alcançando tudo no mundo social. É difícil permanecer um "autopoiético" e ao mesmo tempo aderir a outras teorias sociais que ofereçam visões válidas do mundo social. Não se pode escolher e misturar. Noutro nível, ignora inteiramente a natureza da autopoiese de uma teoria de teorias.[5] Observando outras teorias observarem o meio ambiente, não as descarta como errôneas ou desorientadas, mas aponta suas limitações. Luhmann pode ser acusado de arrogância pela forma com que expõe essas limitações (por exemplo, seu relato da "espantosa ingenuidade dos Durkheimianos, fenomenologistas sociais, teóricos da ação" por se contentarem com "sujeitos, intersubjetividade, ação social e socialmente significativa" e não questionarem sua existência).[6] De outro lado, não se encontrará em nenhum ponto de sua obra a pretensão de que a autopoiese seja capaz de levar a uma "sociedade melhor", que é a mensagem implícita ou explícita da maior parte da teoria social. Ademais, Luhmann e outros teóricos autopoiéticos se restringem à sua moldura teórica para reconhecer as limitações de sua própria teoria.

Aqui, como exemplo da rejeição sumária, está J. W. Harris, Professor de Direito de Oxford, que, em seu manual de Filosofia do Direito, aconselha seus alunos leitores a abandonar qualquer perspectiva de se enfrentar com a versão de realidade de Luhmann, na qual:

> (...) os únicos "fatos" jurídicos são os que o Direito constrói per se; e o Direito nada tem a dizer sobre qualquer coisa que não seja ele mesmo. Essa é a conclusão a que chega Niklas Luhmann em sua análise autopoiética do Direito – e o termo "autopoiese", tomado de empréstimo à Biologia, refere-se a organismos auto-suficientes que se geram e regeneram em isolamento com relação a outros organismos.[7]

---

[5] Veja KING, M.; SCHÜTZ, A. "*The ambitious modesty of Niklas Luhmann*". Journal of Law and Society 21/3 (1994), p. 261-287.

[6] LUHMANN, N. *Social systems*. Trad. de J. Bednarz Jr. e D. Baecker (Stanford, California: Stanford University Press, 1995), p. XLI.

[7] HARRIS, J. W. *Legal Philosophies*. 2 ed. London: Butterworths, 1997, p. 251.

Lendo a primeira frase de Harris, alguém poderia ser levado erroneamente a pensar que ele entendeu um dos conceitos fundamentais da teoria autopoiética, a de que todas as comunicações do sistema tornam a se reportar ao sistema, de tal forma que qualquer lei que possa se comunicar será necessariamente relacionada ao sistema. Um problema com a reformulação que Harris faz da teoria autopoiética é a de nos deixar sem saber direito o que ele quer dizer com "fatos" ou "fatos jurídicos". Se, por "fatos jurídicos" Harris se refere à informação que o Direito aceita como fática, então Luhmann concordaria que o Direito os entende como fatos. Se ele quis dizer fatos sobre o Direito, então é, de forma igualmente clara, uma leitura errônea de Luhmann, pois a capacidade de construir tais fatos não se restringe ao Direito.[8] A ideia de que o sistema biológico autopoiético opera "em isolamento" em relação a outros sistemas é uma invenção de Harris; é não apenas uma inverdade biológica, mas também conflita com a definição que a Biologia dá à autopoiese, uma vez que os sistemas autopoiéticos são de fato dependentes da existência de um meio ambiente que contenha outros sistemas.[9]

Quanto à assertiva de que o Direito "não tem nada a dizer acerca do que esteja fora de seu âmbito", tudo que posso dizer é que Harris entendeu errado a ideia de autorreferência de Luhmann. E confirma essa impressão de desentendimento quando rejeita a autopoiese em termos que deixam perfeitamente claro que não entendeu coisa alguma da essência da teoria, mas está interessado – isto sim – em descartá-la para poder avançar com o que é importante: sua própria concepção de sociologia jurídica:

---

[8] Luhmann escreve em *Social Systems* – nota 6, acima – na p. 76: "Pode-se falar em *dimensão fática* com relação aos (...) temas da comunicação significativa (em sistemas sociais). Fatos ou temas, nesse sentido, podem ser também pessoas ou grupos de pessoas. A dimensão fática se constitui, assim, no significado que divide a estrutura de referência daquilo que se quer dizer em 'isto' e 'outra coisa'". Assim, o ponto de partida para uma articulação factual do significado é uma *disjuntiva primária*, que contrasta algo ainda indeterminado com algo ainda indeterminado (o grifo é do autor).

[9] Maturana oferece a seguinte definição de sistema autopoiético: "Um sistema dinâmico que se define como unidade compósita como rede de produções que a) através de suas interações repetidamente regeneram a rede de produções que as produzem e b) realizam essa rede como a unidade no espaço em que existem, constituindo e especificando suas fronteiras com superfícies de clivagem desde o fundo através de sua interação preferencial dentro da rede, é um sistema autopoiético". Veja MATURANA, H. *"Man and Society". in* BENSLER, P., HEIJL, J. M.; KÖCK, W.K. (editores). *Autopoiesis, Communication and Society*. Frankfurt: Campus Verlag, 1980. p. 11-31, na p. 29.

Parece não haver forma de testar a validade dessa abordagem em seus próprios termos,[10] eis que, presuntivamente todo discurso meta-teórico é também auto-referente. Faz-se uma profissão de fé na autopoiese e se rejeita, por isso, toda a outra sociologia jurídica, ou se a rejeita e se avança com o resto deste capítulo e os demais que o seguem.[11]

Em certo nível, isso está certo. Não existe, segundo Luhmann, nenhuma metateoria que não seja autorreferente. O valor da teoria não pode, dessarte, ser julgado consoante critérios universais ou unívocos. O professor Harris, entretanto, com sua percepção da filosofia do Direito, não oferece qualquer solução para esse dilema pós-moderno a não ser sua própria versão de racionalidade jurídica e sua inquestionável inteligência. O que o professor Harris deixa de fora em seu apelo à profissão de fé é que "avançar" na leitura de seu capítulo pode ser também uma questão de fé, eis que não há como se pôr à prova sua pretensão – própria e exclusiva – a uma racionalidade que não seja "em seus próprios termos". No apelo que faz ao bom julgamento de seus leitores, Harris mostra-se pouco disposto a admitir que há escolha entre o que ele vê como ideias bizarras de Luhmann e seu entendimento absolutamente racional da sociologia do direito. Agora, não seria esta a questão importante a se decidir antes de "avançar", isto é, decidir qual das duas versões, exposições ou modelos do direito se deve escolher: o dele ou o de Luhmann? Dando crédito à teoria autopoiética, o leitor está, segundo Harris, se empenhando num "ato de fé", e não num ato racional. A ideia de que levar a autopoiética a sério é como juntar-se a uma seita religiosa extremista – coisa que pessoas sensatas e ajuizadas não devem fazer – não é infrequente entre as reações mais violentas ao que muitas vezes se mostra uma pequena dose de Luhmann.

Quiçá surpreendentemente, aqueles que rejeitam sumariamente a teoria não admitem, em sua maioria, ter tido dificuldades para entendê-la; e se, excepcionalmente, a entenderam, então quaisquer obstáculos que tenham encontrado terão se devido antes à obscuridade e impenetrabilidade dos textos autopoiéticos do que a suas próprias deficiências. Nenhum deles parece ter experimentado di-

---

[10] Eu discordo da idéia de que seja impossível analisar a autopoiese, em seus próprios termos, mais adiante, neste artigo, ao analisar o entendimento de Zenon Bankowski acerca desse argumento.

[11] HARRIS, nota acima, nº 7, p. 251. (*o grifo é meu*).

ficuldades para entender a teoria de forma suficiente para saírem convencidos de que a desaprovam integralmente.

Nessa altura, é válido trazer Zenon Bankowski, o qual, num artigo da *Ratio Juris*, espertamente vira a teoria contra si mesma, ao perguntar se pode haver um entendimento autêntico do que ela signifique. Ele questiona o que significaria, nos próprios termos da teoria, se um de seus teóricos dissesse que ele a teria "entendido completamente errado".

> Nosso teórico não entenderia o que eu disse, mas apresentaria sua própria versão do que eu tivesse dito. Portanto, não é o que eu disse que estava totalmente errado, mas o que ele disse que eu disse que está errado, i.e., como imagem da autopoiese o que eu disse, em sua representação, está errado. As duas imagens são dele. Como ele chegou até a minha eu não sei, e nem ele.[12]

Aqui há dois pontos a assinalar. Primeiro, o argumento de Zenon Bankowski é interessante, mas com ele corre-se o risco de lançar dúvida sobre o valor de todo o debate teórico, eis que nenhum debatedor pode ter certeza de que um conceito seu será entendido pelos ouvintes (espectadores) da forma pretendida.

Está, entretanto, absolutamente errado por se dirigir, neste caso, a uma teoria social especifica, cujas dimensões e conceitos foram repetidamente definidos por seu(s) autor(es). Caberá sempre dizer que o crítico de uma teoria errou, interpretou-a mal, leu-a erroneamente, aplicou-a mal etc., sobretudo quando esse crítico não faz referências específicas nem apresenta citações do texto teórico que está criticando a fim de sustentar seu argumento.

Segundo, essa estratégia de questionar se entender a autopoiese "em seus próprios termos" pode ter algum sentido – "em seus próprios termos" – serve a dois propósitos. Em primeiro lugar, levanta a questão de a teoria autopoiética funcionar em tal nível de generalidade que possa ser interpretada de todas as formas, sem que ninguém possa dizer que forma é a certa. Ao mesmo tempo, realça o absurdo das ideias construtivistas, que se apoiam inteiramente em critérios subjetivos do observador quanto ao que seja realidade. Devo mencionar, entre parênteses, que este absurdo aparente é justo aquilo que Luhmann chama de "paradoxo", a beleza dele sendo a da

---

[12] BANKOWSKI, Z. *"How Does It Feel To Be On Your Own? The Person in the Sight of Autopoiesis"*. Ratio Juris (1994), p. 254-266

sociedade que consegue reconstituir-se através de seus subsistemas sociais, apesar do flagrante absurdo.

Outra espécie bem diferente da rejeição de Harris ou da *reductio ad absurdum* de Bankowski é a encontrada na crítica de Gunther Teubner, em seu livro *Law as an Autopoietic System*. Beck, apesar de admitir que a teoria possa ser útil em outras esferas, está convicto de que não há lugar para ela na teoria jurídica, porque é uma teoria "falsa" em confronto com uma teoria "legítima" do direito, sendo esta última aquela que, "para seu sucesso, dependa de garantir adequação entre seus enunciados teóricos e os fenômenos que examina".[13]

> Destarte, seus conceitos teóricos são os que geralmente se usam num contexto diário, ou em contexto técnico específico, em que claramente se ajustam aos fenômenos observados no contexto em que são habitualmente usados. Entretanto, tais conceitos tornam-se "falsos" quando um teórico os emprega como maneira de teorizar sobre o fenômeno jurídico (...) [que] tem o efeito de obscurecer e distorcer os fenômenos a que se aplicam, de os representarem erradamente. Em outras palavras, o conceito torna-se uma metáfora não declarada que se apresenta entre proposições que se pretendem verdades absolutas.[14]

Mais adiante, diz-nos que:

> Os conceitos principais na teoria autopoiética são "comunicações", "sistema" e "autopoiese" (...) Esses conceitos principais *são todos falsos*. Comunicações, sistema e autopoiese são idéias que se ajustam e servem bem em alguns contextos, mas não o fazem aqui [isto é, em relação ao sistema jurídico].[15]

Não há como não se indagar como Beck pode definir e aplicar essa distinção de forma que não seja em si autoreferente. Quem, a

---

[13] BECK, A. *Is Law an Autopoietic System?* Oxford Journal of Legal Studies 14 (1994 Autumn), p. 401-418, na p.. 402.

[14] Ibid., p. 402.

[15] Ibid. *(o grifo é meu)* É interessante, do ponto de vista autopoiético, que, em sua insistência em rotular conceitos teóricos, ora como "falsos", ora como legítimos (não falsos), Beck empregue uma distinção em típica forma binária, para observar observações acerca do sistema jurídico. Luhmann comenta essa forma de distinção de segunda ordem entre o natural e o artificial em *"Essays on Self Reference"* (New York: Columbia University Press, 1990, p. 139): "A distinção natural/artificial pode ser utilizada de tal forma que uma observação pode interpretar como artificial e contingente o que o próprio sistema pensa ser natural e necessário. Por exemplo, um observador pode examinar como um sistema cria a impressão de sua auto-determinação ser natural, necessária e sem alternativas funcionais. Pode, então, por exemplo, buscar equivalentes funcionais para a idéia de Deus como forma de desparadoxizar o sistema religioso. Para usar a formulação de Heinz Von Foerster (1979), desta forma o observador pode ver o que o sistema observado não consegue ver que é incapaz de ver o que não consegue ver".

não ser o próprio Beck (ou os que aplicam a distinção por ele construída), poderia nos dizer o que "é adequado aos fenômenos examinados", o que "tem o efeito de obscurecê-los e distorcê-los (...) [ou] representá-los erroneamente"?

Outro problema da crítica de Beck é que se mostra incapaz de ver por detrás do termo genérico, "comunicação" em seu ataque à aplicabilidade da teoria ao sistema jurídico. Se o tivesse feito, teria descoberto que, para o sistema jurídico, "comunicações" incluem decisões, julgamentos, alegações, pareceres etc., todos podendo, nos termos dele, ser "usados no contexto diário, ou em contexto técnico específico, em que claramente se ajustam aos fenômenos observados no contexto em que são habitualmente usados", e que são todos vistos pela teoria como comunicações jurídicas específicas.

Vale mencionar, nesta altura, que Roger Cotterell faz crítica semelhante à queixa de Beck de que a autopoiese usa conceitos para distorcer a "realidade", mas o faz em termos mais comedidos. Critica o que vê como imposição da teoria autopoiética de uma distinção pré-ordenada entre jurídico e não jurídico. Numa de suas muitas discussões acerca da teoria autopoiética diz ele:

> (...) é essencial do ponto de vista profissional que o advogado possa distinguir claramente o jurídico do não-jurídico (...) O advogado precisa de um teste que lhe responda que materiais são confiáveis na argumentação jurídica, seja perante um tribunal, seja no desenho estratégico que poderá, um dia, experimentar num litígio judicial. A sociologia do direito, no entanto, embora tenha em conta esse "teste" de "juridicidade", deve procurar manter as portas abertas à indagação, antes que esta se inicie, especificando de maneira concludente o objeto de seu estudo. Apóia-se em "modelos de trabalho" ou concepções abertas do jurídico aptas a guiar a indagação e construídas tão-somente para essa finalidade (...) Uma indagação de mente aberta requer unicamente conceitos provisórios (...)[16]

A implicação, aqui, está claro, é a de que a teoria autopoiética "encerra a indagação" antes que esta se inicie ao "especificar de maneira concludente o objeto de seu estudo".

Que nos dizem essas rejeições sumárias da teoria (ou ao menos de sua utilidade para a análise jurídica ou sociológica)? Que a teoria está tão cheia de problemas que nem vale a pena lhe dar maiores atenções? Que representa uma ameaça tal a pessoas decentes que

---

[16] COTTERELL, R. *The Sociology of Law: An Introduction*. 2. ed. London: Butterworths, 1992, p. 38.

até o fato de lhe dar maiores atenções pode expor o leitor a perigos indizíveis – que é melhor se livrar dela de uma vez por todas? Uma interpretação mais generosa pode resultar nalgo assim: esses estudiosos e pesquisadores do direito, americanos e ingleses, que rejeitam até a possibilidade de se enfrentar com a teoria autopoiética estão tão profundamente imersos numa cultura dominada pela metodologia empírica, no liberalismo e no humanismo que qualquer critério de sucesso ou de utilidade tem de se derivar obrigatoriamente dessas tradições. Para esses estudiosos, nada digno de consideração séria existe além desses horizontes intelectuais. É surpreendente que ao lhes apresentar uma visão da sociedade que não apenas lida com ideias pouco familiares, altamente abstratas (como a de "dupla-contingência", "*time-binding*" e "acoplamento estrutural"), mas que, além disso, parece voltar as costas a todas essas ambições convencionais dos estudiosos tais como progresso através do conhecimento, revelação da verdade e criação de um mundo melhor, esses estudiosos declinem do desafio de pular no abismo que a autopoiese lhes abre aos pés? Surpreende que eles prefiram permanecer no que sua experiência lhes aponta como terra firme? Se esta explicação justifica ou não a rejeição sumária que infelizmente vem caracterizando a resposta de alguns estudiosos à autopoiese não é assunto desse artigo. Nem é este o lugar para se perguntar por que alguns dos autores já mencionados reagem com tal violência. Bastaria dizer que essa é apenas uma das possíveis estratégias abertas aos estudiosos ao se confrontarem com ideias que lhes pareçam pouco familiares, difíceis de entender e ameaçadoras à sua integridade intelectual. Outra estratégia é a de transformar aquilo que é pouco familiar de forma a assimilá-lo com ou sem uma moldura conceitual familiar. Dessa forma, parecerá que o autor tanto entendeu a teoria como se mostra disposto a levar a cabo uma análise séria de suas complexidades. Colocada em prática, essa análise tem amiúde o efeito de simplificar e distorcer a teoria, às vezes a ponto de torná-la quase irreconhecível.

2.1.2.2. Assimilação

Talvez o exemplo mais completo da estratégia de assimilação tenha vindo de Drucilla Cornell, que vê a autopoiese de Luhmann como "construtivismo epistemológico" e, destarte, quase equivalente à visão de mundo de Stanley Fish, uma vez que, segundo ela, cada uma delas implicitamente baseia na "lógica da recursividade".[17] O que Luhmann oferece é:

> A forma mais recente de positivismo (...) [que] leva o nome de autopoiese. Mas se o nome é novo, o projeto último do positivismo jurídico, que é o de resolver o problema da validade das proposições jurídicas apelando aos mecanismos de validação gerados internamente por um sistema legal existente, permanece o mesmo.[18]

Pela autopoiese, o direito constrói sua própria realidade através de suas próprias operações, de forma que

> O postulado de fechamento operacional explica por que a teoria dos sistemas é uma forma de construtivismo epistemológico no qual a realidade vem a "ser" só dentro da recursividade do sistema. A realidade da lei pra Luhmann é uma realidade normativa (...) O fechamento normativo cria uma adequação aparente do direito à justiça.[19]

Cornell polemiza contra o que ela entende como a abolição da ontologia e a substituição da filosofia pela sociologia, tarefas levadas a cabo por Luhmann. – "*Não mais tentamos conhecer o Ser, só os sistemas sociais*".[20] Esse entendimento idiossincrático da negatividade inerente à teoria autopoiética, no entanto, só se alcança ao confundir deliberadamente realidade jurídica com realidade social e realidade social com "realidade" total. Aí fica possível a Cornell sustentar que, para Luhmann, não pode haver realidade alguma a não ser aquela construída através da operação dos sistemas sociais.[21] O direito autopoiético e a sociologia autopoiética são percebidos, então, como responsáveis pela imposição de uma visão hegemônica da realidade social dentro da qual a crítica radical não pode existir. Em sua tenta-

---

[17] CORNELL, D. "*Time, Deconstruction and the Challenge of Legal Positivism: The Call for Judicial Responsibility*" in LEONARD, J. D. (editor). *Legal Studies as Cultural Studies. A Reader in (Post)modern Critical Theory*. Albany: State University of New York Press, 1995. p. 231-266, nas p. 251-252.

[18] Ibid., p. 234.

[19] Ibid., p. 236.

[20] Ibid., p. 234

[21] É interessante notar que Luhmann raramente usa o termo "realidade", e, em lugar algum de seus escritos, pode-se encontrar algo que lembre a ideia de que toda a realidade é uma construção e nada existe fora da realidade construída pelos sistemas sociais. A realidade "existe" mesmo, mas é inacessível e coberta pela diferença entre sistema e ambiente que, para as comunicações do sistema, assume o *status* de validade universal. "*A diferença entre sistema e ambiente praticado por um sistema pressupõe e recobre uma realidade contínua (...). Um sistema social comunicativo arranja tudo em sua própria comunicação como interno ou externo, e pratica sua distinção sistema/ambiente como algo universalmente válido, na medida de sua comunicação*". Vide LUHMANN, 1995, nota n° 6, *supra*, p. 178-179.

tiva de transformar Luhmann num "construtivista epistemológico", Cornell atribui-lhe a crença de que a realidade não é mais do que uma construção social e que nada existe fora do nosso próprio conhecimento (ou o do sistema). De fato, o entendimento de Luhmann acerca da relação entre conhecimento e o mundo externo é muito mais complexo do que sugere a abordagem de Cornell. Ela prossegue:

> Na concepção de Luhmann de autopoiese do sistema jurídico, a justiça só pode ser aquilo que o sistema jurídico definir que ela seja. A idéia da justiça como horizonte projetado é integralmente rejeitada.[22]
> Pelo fechamento autopoiético, o sistema se torna a única realidade. Como tal, preenche o universo; torna-se o reino que reina sobre a possibilidade e exclui o sonho de um futuro verdadeiramente diferente.[23]
> Por não termos um ponto de vista transcendente ou externo, segue-se que não pode haver crítica social nem consciência crítica. A mudança só terá lugar na forma de lenta evolução, não por transformação.[24]

Há, aqui, diferenças claras entre o que Luhmann e Cornell entendem por direito. Enquanto Cornell pode se ver justificadamente como crítica radical do "direito", Luhmann mesmo assim encararia sua crítica como "comunicação jurídica", isto é, como comunicação relacionada ao direito. A ideia ampla e includente de Luhmann de "sistema jurídico" como um sistema de comunicações é difícil, principalmente para advogados e críticos do direito, que tendem a perceber o sistema jurídico como tribunais, juízes, polícia, julgamentos, códigos, regulamentos etc. A leitura equivocada de Cornell, portanto, é bastante compreensível. Nos termos de Luhmann, entanto, "crítica social" e "consciência crítica", onde se relacionarem com o

---

[22] CORNELL, nota nº 17, *supra*, p. 241.

[23] Ibid., p. 244.

[24] Ibid., p. 251. Para Luhmann, qualquer coisa pode se tornar significativa e, portanto, real, mas, ao mesmo tempo, a ausência de um sistema capaz de fazer certas distinções resulta na ausência de realidade, na medida a que se refira o significado baseado em tais distinções: *"Cognitivamente, toda realidade tem de se construir por meio de distinções, e, como resultado, permanece construção. A conclusão a ser tirada é que a conexão com a realidade do mundo externo se estabelece pelo ponto cego da operação cognitiva. A realidade é o que não se percebe quando se percebe. Tudo isso quer dizer que os frutos da operação concreta de cognição, que brotam do uso das distinções – isto é, a proliferação de possibilidades combinatórias – se devem a um instrumento que exige fechamento operacional específico ao sistema dado. Se a cognição demanda significado e o significado demanda distinção, então a realidade final deve ser pensada como desprovida de sentido".* Vide LUHMANN, nota nº 6, *supra*, p. 76. Veja também LUHMANN, N. "*The Autopoiesis of Social Systems*", *in* GEYER, F. e VAN DER ZOWE, J. (editores). *Sociocybernetic Paradoxes: Observation, Control and Evolution of Self-Steering Systems.* London and Beverly Hills: Sage, 1986, p. 1717-192

direito, são de fato parte do sistema jurídico de comunicações. Por mais radicais e utópicos que possam ser, esses pontos de vista não devem ser vistos como transcendentais. Podem existir como críticas ao direito, mas sempre dentro do amplo espectro das comunicações jurídicas.

Embora Cornell esteja absolutamente certa quando diz que para Luhmann não pode haver "ponto de vista transcendental", ela está absolutamente errada quando acredita que não pode haver ponto de vista fora do direito. É verdade que não pode haver observação externa aos sistemas sociais, significando "sociedade", mas nada há que impeça outros sistemas sociais de observarem o direito, seja de um ponto de vista político, científico, econômico, psicanalítico ou estético. Luhmann não exclui crítica social ou consciência crítica. Simplesmente afirma que eles não ocorrem fora dos subsistemas de comunicação da sociedade.

Se enxergarmos agora o mundo segundo os termos de Cornell, não fica difícil entender como a posição de Luhmann pode ser percebida como quase idêntica à de Stanley Fish, que sustenta que "o que a desconstrução ou filosofia pós-moderna geralmente nos mostraram é que a realidade, inclusive o eu, é socialmente construído". Isso, por sua vez, significa para Fish que "nós" somos o que nossa realidade faz de nós. Não poderíamos ser diferentes.[25]

Luhmann, todavia, contrastando diretamente com a interpretação que Cornell dá à sua posição, abre a oportunidade de a realidade ser diferente, fazendo possível *sermos bem diferentes*[26] e *nossa realidade também!* – embora a maneira de se alcançar, ou de se poder alcançar, esse estado alternativo seja para nós sempre incerta e tendente a assim permanecer. A compreensão errônea de Cornell sobre os escritos de Luhmann permite-lhe colocá-lo de forma taxativa

---

[25] CORNELL, nota n° 17, *supra*, p. 251.

[26] Tudo na visão de Luhmann "poderia ser de outra forma", inclusive (se imagina) a natureza autopoiética dos sistemas sociais no mundo moderno. Em toda sua obra, ele frequentemente sublinhou a natureza contingente do mundo social. Por exemplo: *"Uma coisa é contingente na medida em que não seja nem necessária, nem impossível; é só aquilo que é (ou era, ou será), embora pudesse também ser de outra forma. O conceito descreve assim algo dado (algo experimentado, esperado, relembrado, fantasiado) à luz de sua possibilidade de ser de outra forma; descreve o mundo como ele é dado, e, entanto, não descreve o possível em geral, mas o que de outra forma é possível desde o ponto de vista da realidade. Nesse sentido, tornou-se um hábito, ultimamente, falar de 'mundos possíveis' de uma vida mundana real. A realidade do mundo é pressuposta pelo conceito de contingência porque sua condição primeira e insubstituível é a da possibilidade".* Vide LUHMANN, nota n° 6, *supra*, p. 106.

num dos lados do debate jurídico-teórico americano, na prolongada discussão entre os *crits* e os *liberals*. De um lado, ficam os teóricos críticos que advogam mudanças radicais em prol da revolução ou reconstituição da consciência jurídica e, destarte, da realidade jurídica, e, de outro, os que sustentam que o progresso deva ser alcançado pela evolução, desenvolvimento e emprego de princípios jurídicos bem experimentados. Cornell retrata a posição conservadora, e, por conseguinte, a de Luhmann, como aquela em que a "mudança pode acontecer só como lenta evolução, não através da transformação (...) [que] há apenas evolução, não "transformação"[27] – um liberalismo que alivia o indivíduo de sua responsabilidade".

Retomarei esse assunto de autopoiese e responsabilidade individual mais tarde. Por ora, fiquemos com as assimilações anglo-americanas e voltemo-nos à relação entre auto-referência e autonomia, que ocasionou problemas particularmente aos estudiosos anglo-americanos. Richard Lempert, o sociólogo do direito americano, vê autonomia e autopoiese como relacionadas intimamente, senão como sinônimos.

> Se o sistema jurídico é organizado autopoieticamente, gozará da autonomia associada aos sistemas autopoiéticos, não importando se cumpre funções sociais ou quais elas sejam. Seria difícil forma diferente.[28]

Embora, de acordo com Lempert, os teóricos jurídicos do continente europeu venham de uma tradição diferente, usem métodos diversos e apresentem seus argumentos de maneira diversa daquela de seus colegas anglo–americanos, a preocupação com a autonomia é uma constante que os une – "duas perspectivas diferentes sobre a idéia de autonomia jurídica, junto a duas diferentes fontes de inspiração para as duas perspectivas e as diferenças na forma com que as teorias progrediram".[29]

Sua crença numa constante assim leva-o a "construir uma teoria de autonomia jurídica enraizada na perspectiva anglo-americana" e "então voltar-se para a obra de Luhmann sobre a autopoiese para examinar formas em que as idéias da autopoiese concordam ou con-

---

[27] CORNELL, nota nº 17, p. 251.
[28] LEMPERT, nota nº 3, p. 154.
[29] Ibid., p. 155.

flitam com a teoria".[30] O problema com a tentativa de jurisprudência comparativa de Lempert é que a autopoiese e a noção de autonomia anglo-americana – que, segundo ele, diz respeito ao poder de cada um dirigir seus negócios livre de pressões e exigências externas – são conceitualmente tão diferentes que não há base para comparação e, assim, nenhuma razão para crer possível a identificação de pontos de acordo ou pontos de conflito entre elas. Luhmann sinaliza com clareza a desproporção entre as duas abordagens em sua resposta ao artigo de Lempert, apontando que, na teoria autopoiética

> (...) pode haver um aumento simultâneo na dependência e na independência das relações ambientais do sistema: o sistema jurídico pode ter relações mais variadas e em número maior com seu ambiente – e na mesma extensão torna-se mais dependente; todavia, no mesmo passo em que sua organização se torna mais complexa e aumentam os poderes de auto-reprodução, o sistema se torna mais independente de seu ambiente (*i.e.*, torna-se mais capaz de lidar com perturbações externas).[31]

A visão do sistema jurídico de Lempert, porém, é a de "um jogo de soma zero entre o sistema e o ambiente: quanto mais o ambiente influencia o direito, menos autônomo fica o direito".[32] É claramente a americanização de uma ideia que é mais complexa que o modelo de *input-output,* preconizado por Lempert, mostrando-se, ao mesmo tempo, pouco preocupado com o entendimento que o observador tenha do poder do sistema; isto é, a capacidade de cada sistema de lidar com suas próprias questões. O que interessa aos autopoiéticos é, isto sim, como o sistema *se vê e quais suas relações com seu ambiente.*[33]

Contrastemos a interpretação de Lempert da autopoiese como autonomia com a de outro teórico americano, Arthur Jacobson, que em seu artigo *"Autopoietic Law: The New Science of Niklas Luhmann",* publicado na *Michigan Law Review*, faz sua poderosa crítica e estilo eloquente se abaterem sobre o que ele sustenta seja o conceito de "unidade do sistema jurídico de Luhmann".[34] No esforço de colocar

---

[30] LEMPERT, nota nº 3, p. 154.

[31] KENNEALY, P. *"Talking About Autopoiesis – Order from Noise?", in* TEUBNER, G. (editor). *Autopoietic Law: A New Approach to Law and Society.* Berlin, New York: Walter de Gruyter, 1988. p. 349-368, na p. 363.

[32] Ibid.

[33] Para discussão integral desse tema, veja NELKEN, D. *"Changing Paradigms in the Sociology of Law", in* TEUBNER, G. (editor). *Autopoietic Law: A New Approach to Law and Society.* Berlin, New York: Walter de Gruyter, 1988, p. 191-217.

[34] JACOBSON, A. *Autopoietic Law: The New Science of Niklas Luhmann.* Michigan Law Review 87 (1989), p. 1647-1689.

a teoria autopoiética na mira de suas irresistíveis preocupações com o dinamismo da *common law* e das relações do direito com o indivíduo, consegue produzir um elaborado argumento que explica por que o "direito autopoiético" é um desenvolvimento teórico interessante e por que, finalmente, certas ideias de Luhmann devem ser rejeitadas em favor de sua própria visão dinâmica do direito. Todavia, longe de analisar a teoria autopoiética nos termos propostos por Luhmann, põe-se a colocar suas próprias interpretações, altamente pessoais, do que seja o "direito autopoiético" sob o escrutínio de sua própria crítica. Desafortunadamente, muitas dessas interpretações não só não se podem justificar por meio de referências ao texto original, como também estão a vários anos-luz da teoria de Luhmann. Isso, no entanto, é feito com tal eloquência que, o tempo todo, o leitor é levado a crer que Jacobson está se utilizando das ideias de Luhmann como ponto de partida legítimo para seus *insights* e lampejos de inteligência.[35] É a assimilação *par excellence*, a ponto de dar a clara impressão de que Jacobson e Luhmann partilham das mesmas ideias acerca do direito e da sociedade e as mesmas preocupações com o futuro do sistema jurídico e com os indivíduos alcançados pelo sistema.

No início do artigo, Jacobson diz a seus leitores da *Michigan Law Review* por que admira a defesa da autonomia do sistema jurídico por parte de Luhmann, mas daí começa a explicar por que discorda de sua descrição da relação entre direito, moralidade e política, e a ausência de qualquer menção a "indivíduos reais".[36] Tendo apresentado um entendimento do direito autopoiético – "a primeira imagem do direito retirada da ciência que chega perto de revelar os segredos da dura disciplina da *common law*"[37] – Jacobson destaca os dois interesses distintos que devem ter os juristas nesta nova abordagem do direito:

> O primeiro é o *dinamismo* do direito autopoiético (...) Os sistemas jurídicos dos países democráticos e industriais avançados geram e transformam o direito em cada ato e comunicação jurídicos (...) A autopoiese é um imagem linda para um sistema que dinamicamente gera e transforma seus próprios elementos (*o grifo é do original*).

---

[35] LUHMANN, N. *The Unity of the Legal System, in* TEUBNER, G. (editor). *Autopoietic Law: A New Approach to Law and Society.* Berlin, New York: Walter de Gruyter, 1988. p. 12-35

[36] JACOBSON, nota n° 34, *supra.* p. 1651-1652

[37] Ibid., p. 1647.

A verdade sobre a AUTOPOIESE NO DIREITO

O segundo é a unidade do direito autopoiético. Referindo-se, o tempo todo, por números, às páginas do ensaio de Luhmann, *The Unity of the Legal System*, Jacobson explica que, enquanto o direito pode ser "profundamente afetado pelas exigências políticas e morais da administração, os sistemas jurídicos modernos sustentam não se 'decompor' perante as forças que os afetam".[38] Isso quer dizer que:

> (...) o direito autopoiético afirma que os sistemas jurídicos podem ser substantivamente coerentes apesar da falta de uma essência única, exprimível racionalmente.[39] A autopoiese proclama a coerência substantiva dinâmica – a "unidade" do sistema jurídico em seu controle sustentado sobre suas próprias operações.[40] O sistema é autônomo, porque não pode "nem derivar suas operações de seu ambiente, nem passá-las adiante até aquele ambiente".[41] [42]

Haveria muito a se dizer sobre a espalhafatosa reconstrução de autopoiese lavada a cabo por Jacobson como vista nesse breve excerto. Em primeiro lugar, não há nada nas referidas páginas do artigo de Luhmann (ou em qualquer outro de seus escritos) que sugira que o sistema jurídico seja capaz de "controle sustentado sobre suas próprias operações", pois a ideia de controle de Jacobson simplesmente não encontra ressonância na teoria de Luhmann. De fato, a maior parte do que acontece nos tribunais situa-se fora do controle do direito, mas é uma reação a, por exemplo, comunicações políticas,

---

[38] Jacobson refere-se aqui às p. 14-15. Luhmann, no entanto, não menciona o direito nessas páginas, mas se ocupa mais geralmente com a natureza dos sistemas autopoiéticos. O que ele escreve é que: *"Um sistema autopoiético (...) constitui-se nos elementos de que consiste através dos elementos de que consiste.. Ao fazê-lo, traça limites que não existem na complexidade subestrutural do ambiente do sistema".* LUHMANN, nota n° 35, *supra*, p. 14. Quanto a se "decompor" nas forças que os afetam, a única menção que Luhmann faz à decomposição nessas páginas é em relação às limitações da teoria da ação, como reveladas pela incapacidade de Parson de achar uma resposta para "a constituição da 'unidade de ação' ". Ele escreve: *"A decomposição da ação e a concepção da unidade de ação emergente baseada nela era um ato que podia somente ser levado a cabo por um observador externo. Isso apresenta um problema, uma vez que a unidade não veio do próprio sistema".* LUHMANN, nota n° 35, *supra*, p. 15.

[39] Jacobson refere-se aqui a LUHMANN, a nota n° 35, supra, p. 21. Luhman não usa os termos "essência racional exprimível" ou algo semelhante na página a que se refere Jacobson. O mais perto que chega, e isso nem perto é, da ideia de Jacobson de que o sistema jurídico tem uma essência é apontar a circularidade do direito *"em termos de normatividade (...) da relação entre a regra e sua aplicação".*

[40] Jacobson refere-se aqui a LUHMANN, nota n° 35, supra, p. 13-14, 18 e 23-26.

[41] Jacobson refere-se aqui a LUHMANN, nota n° 35, supra, p. 18.

[42] JACOBSON, nota n° 34, *supra*, p. 1649. Isso é representação errada do que Luhmann escreveu. Luhmann escreve na página 18 sobre "sociedade", e não acerca do sistema jurídico. Não obstante, é o caso em que o sistema jurídico também *"não pode derivar suas operações de seu ambiente nem passá-las adiante àquele ambiente".* Isso, todavia, não resulta em "autonomia" na forma que Jacobson sugere, isso é autonomia às custas do dinamismo.

econômicas ou científicas. O "controle" do direito é sempre restrito a suas próprias operações, isto é, a suas "próprias possibilidades de negação". Para Luhmann, o sistema jurídico é capaz de declarar suas próprias operações, legais ou ilegais,[43] mas isso não equivale a "controle", no sentido que Jacobson empresta ao termo.[44] A Jacobson escapa o ponto nodal de que a unidade do sistema jurídico permite que o direito tenha a impressão de controle, mas só às custas de limitar suas operações à determinação do que seja legal ou ilegal. Em segundo lugar, Jacobson critica a "construção do direito autopoiético" de Luhmann porque "ele favorece (...) a unidade operacional dos sistemas legais modernos e sua independência em relação a seu ambiente às custas do (...) dinamismo desses sistemas".[45] A "fórmula, normativamente fechada e cognitivamente aberta", no dizer de Jacobson, "transforma o direito autopoiético em positivismo chique, acoplado a um naturalismo disfarçado".[46]

Para Luhmann, todavia, não é apenas possível, mas também necessário que o sistema jurídico responda às informações de seu ambiente em formas que produzam novas normas, as quais, por sua vez, retroalimentam os ambientes de outros sistemas sociais. Isso pode muito bem ser interpretado, nos termos de Jacobson, como dinamismo. Direito autopoiético não é, no entanto, "positivismo chique", e não possibilita um "naturalismo" mais que qualquer outra forma de direito. Por "operações legais", Luhmann se refere à produção de decisões legais pelo direito, e não a seu desempenho ou seus resultados. São essas operações, e não as leis, que "não derivam de seu ambiente, e nem se exportam àquele ambiente". São coisas únicas do sistema jurídico. Jacobson, portanto, interpretou de forma totalmente equivocada o entendimento de Luhmann da unidade do sistema jurídico, reconstruindo-o no seio de um debate acerca do

---

[43] Por exemplo, Luhmann escreve: "Para propósitos operacionais, a diferenciação está orientada não simplesmente em direção á função do direito, mas em direção à antítese do legal/ilegal O sistema jurídico deve, em razão disso, ser entendido como a *unidade de legalidade e ilegalidade*, ou, mais precisamente, como o controle por essa antítese de sua autopoiese com o resultado de que toda operação do sistema deva ser condicionada pelo próprio sistema". LUHMANN, nota nº 35, *supra*, p. 25. *(o grifo é meu)*.

[44] A única referência a "controle" nessa parte do artigo está na página 15, onde, escrevendo sobre os sistemas autorreferentes em geral, Luhmann afirma que "*o sistema, a cada operação, controla suas próprias possibilidades de negação. (O grifo é do autor)*.

[45] JACOBSON, nota nº 34, *supra*, p. 1649.

[46] Ibid.

dinamismo ou conservadorismo do direito – mas, estranhamente, em posição oposta à de Cornell.

Em terceiro lugar, para Jacobson, Luhmann "trata o sistema jurídico como supra-individual",[47] o que quer dizer que "o indivíduo real fica de fora".[48] A ausência do indivíduo real conduz Luhmann a teorias jurídicas que também marginalizam o indivíduo, a saber, os positivismo e o naturalismo.[49]

Só se pode admirar a criatividade de Jacobson e derramar lágrimas pelo pobre Luhmann, quando este último vê sua tentativa de desenvolver uma nova sociologia (que afasta o indivíduo do centro das atenções teóricas) ser interpretada com uma teoria de "superindivíduos".

Mas isso não é tudo. O entendimento idiossincrático da teoria por parte de Jacobson leva-o a sustentar que "[o] sistema jurídico pode ser autopoiético *per se* somente se um subsistema – um sistema social discreto que desempenha função dentro de outro sistema social – puder ser autopoiético (...)". Na visão de Jacobson "a pretensão de que um sistema jurídico é um subsistema autopoiético se afirma ou sucumbe perante a possibilidade de Luhmann discernir entre 'normativo' e 'cognitivo' e esta é uma distinção empírica que Luhmann não pode validar". De fato, "a *common law* é e exemplo das dificuldades empíricas que ameaçam a distinção". Assim, na visão de Jacobson, a tentativa de construir um direito autopoiético fracassa, e Luhmann recai para "uma mistura de positivismo e naturalismo".[50] O que é de particular interesse é a assertiva de Jacobson, nas notas de rodapé, de que "Luhmann está ciente desses problemas. Veja a página 19".[51] Um leitor do artigo de Jacobson, com tempo e motivação para revirar o ensaio de Luhmann e ir até a página 19, veria que, em primeiro lugar, o que ele escreveu foi "a diferenciação do sistema jurídico se baseia na discernibilidade das *expectativas* normativas e cognitivas (*o grifo é meu)*, isto é, se as *expectativas* se baseiam nas normas ou na experiência". É coisa muito diferente das dificuldades que Jacobson identifica na distinção entre direito e fatos, ou entre

---

[47] JACOBSON, nota nº 34, *supra*, p. 1649.

[48] Ibid.

[49] Ibid.

[50] Ibid., p. 1650

[51] Ibid.

normas e conhecimento. Além disso, longe de achar isso um problema, Luhmann questiona: "como é que isto se dá?" e, de imediato, no parágrafo seguinte, passa a responder à pergunta.

Vejo que aqui há o perigo da polemização de meu próprio comentário invadir e tomar conta do texto principal, e eu só cheguei à página 5 do artigo de Jacobson. Só posso me desculpar e apontar minha própria dificuldade de distinguir o que seja compreensão genuinamente errônea e distorção deliberada. Só gostaria de aduzir que, longe de atacar a teoria de Luhmann, a maior parte do artigo de Jacobson é cheia de elogios ao que ele vê como projeto autopoiético. O problema é que a versão de Jacobson para aquilo que ele chama de "projeto autopoiético" guarda apenas uma vaga semelhança a qualquer coisa que Luhmann tenha escrito, como demonstra este excerto:

> Na visão de Luhmann, se a autopoiese é uma descrição correta do sistema jurídico nas democracias industriais avançadas, então o direito pode cumprir sua pretensão de dar um (...) padrão confiável aos cidadãos (...) a ser usado em suas interações diárias. Na perspectiva de Luhmann (...). Se a autopoiese estive errada, então o sistema jurídico aparentemente deve sucumbir.[52]

Onde Luhmann teria cogitado desse critério de "padrões confiáveis aos cidadãos" ou da possibilidade de a autopoiese *estar errada?* Mais: onde é que Luhmann contempla a ideia de o sistema jurídico *sucumbir?* O que significa isso em termos de teoria autopoiética?

> O projeto (de Luhmann) de proteger o sistema jurídico das políticas "não-legais" ou da moralidade é um projeto falso.[53]

Quando é que Luhmann se mostrou preocupado com *a proteção do sistema jurídico?*

> A autopoiese é também a ciência do individual.[54]

É mesmo?

> O intuito do paradigma autopoiético é o de dar conta do poder dos organismos para controlar ou afetar o ambiente em que coletivamente evoluem.[55]

---

[52] JACOBSON, nota nº 34, *supra*, p. 1651

[53] Ibid., p. 1652.

[54] Ibid., p. 1653.

[55] Ibid., p. 1661.

Para Luhmann, não há ambiente compartilhado ou, pelo menos, não há ambiente que possa ser coletivamente reconhecido como tal pelo sistemas sociais. Seu argumento é o de que cada sistema produz seu próprio ambiente e, então, reage a comunicações vindas daquele ambiente. Qualquer controle que um sistema exerça, portanto, relaciona-se tão somente a seu próprio ambiente, e não a um universo ilimitado.

> Minha tese é dúplice.
> Primeiro, qualquer sistema jurídico totalmente autopoiético deve incluir o indivíduo com tal nas operações auto-geradoras do sistema.[56]
> Segundo, qualquer sistema jurídico que coloque o indivíduo no centro deve recorrer a uma versão qualquer (que possamos especificar) da lei como revelação.[57]

Luhmann, como vimos, é claro, esforça-se ao máximo para explicar por que ele rejeita o indivíduo como sua unidade de análise.[58]

Devo prosseguir? Que me seja suficiente dizer que a autopoiese de Jacobson não é a autopoiese de Luhmann., e que, se, de tempos em tempos, no decurso do longo artigo de Jacobson, as duas fugazmente pareceram se assemelhar, a ilusão logo se dissipou quando Jacobson despachou a autopoiese em outro voo de sua imaginação.

2.1.2.3. (Des)entendendo o "fechamento"

A ideia de fechamento normativo sofre destino semelhante ao da autonomia nas mãos de alguns críticos da autopoiese britânicos e americanos. Adrian James, por exemplo, renega qualquer possibilidade de fechamento dos sistemas sociais porque

> É bastante duvidoso (improvável) que um sistema social possa ser fechado. No que diz com esse particular, pode-se argumentar que o direito, por sua própria natureza, é uma instituição *social* e que o ambiente em que existe é um ambiente *social* (...) Crucialmente, o direito também se liga estruturalmente a outras instituições sociais de importância capital como o Parlamento, de tal forma que a natureza, formato e conteúdo do direito (...) se determinam pela necessidade de seus parâmetros, tanto social quanto institucionalmente. Pode-se sustentar, portanto, que o direito é

---

[56] Mas isso ignora ou não considera as dificuldades que Luhmann identifica na discussão da "decomposição da ação". LUHMANN, nota n° 35, *supra*, p. 15

[57] JACOBSON, nota n° 34, *supra*, p. 1649.

[58] Veja nota n° 35, *supra*.

necessariamente um sistema moldado por seu ambiente, uma vez que deve mudar e efetivamente muda em resposta a seu ambiente (...).[59]

O problema é que James, como muitos outros críticos dos "sistemas fechados", ignora um ingrediente essencial da teoria. Luhmann não escreve acerca das relações de poder entre pessoas ou entre indivíduos e sistemas, mas sobre comunicações e sobre a distinção entre sistema e ambiente. Os sistemas criam o fechamento e o mantêm através de sua capacidade de distinguir certas formas de comunicação como a eles pertinentes e rejeitar outras como estando além de seus limites. É esta capacidade do sistema jurídico de, primeiro, reconhecer algumas comunicações como comunicações jurídicas[60] e, segundo, de ver-se como única autoridade que constitui uma "comunicação jurídica" que cria e mantém o fechamento.[61]

Outros críticos interpretaram o fechamento normativo como negação da ideia de que profissionais de diferentes disciplinas possam entender uns aos outros ou trabalhar juntos. Num ensaio acerca da interdisciplinariedade em direito de família, o pesquisador social Mervyn Murch, por exemplo, proclama seu desacordo com aquilo que ele identifica como o entendimento de King e Piper das dificuldades de cooperação interprofissional efetiva, causadas pelo fechamento autopoiético.[62]

Ele escreve:

Este artigo (...) se ocupa da mistura interdisciplinar de direito, bem-estar e saúde infantis que encharcam a prática e a estrutura de um sistema de justiça distintamente hibridizado. Nesse contexto eu menciono a proposição (...) de que a natureza autopoiética do direito torna particularmente difícil para os advogados colaborarem efetivamente com os profissionais da saúde e bem-estar na prestação de serviços a crianças e famílias.[63]

---

[59] JAMES, A. *An Open or Shut Case? Law as an Autopoietic System.* Journal of Law and Society 19/2 (1992), p. 271-183, na p. 275. *(O grifo é do autor)*

[60] Veja nota n° 38, *supra.*

[61] "A teoria dos sistemas auto-referenciais sustenta que os sistemas só se diferenciam por autoreferência, vale dizer, só na medida que os sistemas se referem a si próprios (seja a elementos do mesmo sistema, a operações do mesmo sistema, ou à unidade do mesmo sistema constituindo seus elementos e suas operações elementares". LUHMANN, nota n° 6, *supra*, p. 9

[62] Veja KING, M e PIPER, C. *How the Law Thinks Children.* 2 ed. Aldershot, U.K.: Arena, 1995.

[63] MURCH, M. *"The Cross-disciplinary Approach to Family Law – Trying to Mix Oil and Water"* in BAINHAM, A e PEARL, D. (editores). *The Frontiers of Family Law.* Chichester, UK: Wiley. 1995. p.195-207, na p. 195.

De fato, o que King e Piper escreveram foi acerca da impossibilidade dos discursos híbridos ou, nos termos de Luhmann, sistema de comunicação – uma combinação de direito e ciência do bem-estar infantil. Não há menção de que isso afete a capacidade de advogados e assistentes sociais ou profissionais dedicados à saúde mental infantil de cooperarem uns com os outros em nível interpessoal ou profissional. King e Piper acentuam, até certo ponto, a diferença entre sistemas psíquicos (individuais) e sistemas sociais.[64]

Na mesma linha, outras críticas ao fechamento apontam a impossibilidade de separar normas de fatos e de assim estabelecer empiricamente o fechamento do sistema (*vide* Jacobson, *retro*). Michael Freeman, atual editor da *Lloyd's Introduction to Jurisprudence*,[65] informa a seus leitores que Luhmann entendeu errado a natureza dos sistema jurídico que, na prática, se adapta, ocasionalmente, a mudanças normativas radicais na sociedade.[66] E prossegue na sustentação de seu argumento, demonstrando, com referência a julgados da Suprema Corte americana e à lei inglesa, os quais "com freqüência fazem referência a normas extra-legais" (*ibidem*), que o direito é aberto a *valores,* e não apenas a fatos. Daí que Luhmann, ao que parece, errou feio, ao menos no que se refere ao sistema anglo-americano não codificado.[67] Freeman então vai em frente, antecipando que a "provável resposta de Luhmann" será a de

> (...) separar fatos e normas, de forma que uma lei que incorpore um padrão extra-sistêmico possa ser descrita dentro da teoria autopoiética. Mas um formalismo desta ordem distorce – talvez seja um preço alto demais para se pagar pela preservação de uma teoria.[68]

Desafortunadamente, nem Freeman, nem os outros críticos do fechamento normativo que eu citei, conseguiram lidar com a mudança radical de paradigma que a autopoiese intenta. Como aponta

---

[64] KING e PIPER, nota nº 62, *supra*, p. 25-26
(N. do T.) O *Lloyd's Introduction to Jurisprudence* é o principal livro-texto sobre teorias jurídicas no mundo anglófono.
[65] FREEMAN, M. D. A. *Lloyd's Introduction to Jurisprudence*. 6. ed. London: Sweet and Maxwell, 1994.
[66] Ibid., p. 549.
[67] Ibid., p. 548.
[68] Ibid.

Tim Murphy, resumindo uma passagem do artigo de Teubner, *The Two Faces of Janus*:[69]

> (...) a primeira tarefa da teoria autopoiética foi a de elaborar a idéia de fechamento operacional, *com o fito de superar os limites de pensamento de um sistema aberto*, enquanto conservava a idéia de distinção entre sistema e ambiente. Isso acarretou "uma mudança integral de paradigma". Sob esse novo paradigma, para que seja possível a cognição, os sistemas devem abrir seus ambientes não por *input output*, mas por perturbação e acoplamento estrutural. Em lugar do *output* informacional a partir do ambiente (desde "fora") que é processado internamente, expelido, e então disponível, em seu curso, como novo *input* através de um *loop* retroalimentante, a nova idéia é de usar eventos, perturbações, ruídos, provenientes do lado externo do sistema para criar ordem interna. "*Há que se libertar a mente de qualquer idéia de transporte de informação*".[70]

O entendimento dos críticos, portanto, acerca da relação sistema-ambiente ou a daquela entre sistemas não é o de Luhmann. Para dar resposta à queixa específica de Freeman no que ele vê como falta de reconhecimento de que o sistema jurídico possa de fato receber valores de seu ambiente não há necessidade de Luhmann intentar a separação de fatos e normas produzidas por outros sistemas. Ambos são igualmente capazes de criar perturbações no ambiente do sistema jurídico aos quais o sistema pode reagir através de suas próprias operações normativas.

Ambos podem entrar no sistema jurídico somente como "conhecimento" do ambiente como o direito os percebe e interpreta, ambos podem ser sujeitos a operações jurídicas, e essas operações podem eventualmente produzir comunicações jurídicas. As únicas normas disponíveis para suas próprias operações são as normas jurídicas. Na verdade, a fórmula de Luhmann, "cognitivamente aberta", pode induzir a erro, como ficou visível na reencarnação de autopoiese de Jacobson antes discutida, pois o direito não tem acesso ao "ambiente", mas apenas *a seu ambiente*, de forma que todo o conhecimento que penetra o sistema jurídico já foi "pré-processado" a fim de torná-lo aceitável como um conhecimento que o direito reconhece. Para citar o celebrado paradoxo de Gunther Teubner, que "ao que parece colocou ares de consternação – senão de apoplexia – nos rostos dos

---

[69] TEUBNER, G. *"The two Faces of Janus: Rethinking Legal Pluralism"*. The Cardozo Law Review 13/5 (1992). p. 1443-162
(N. do T.) *entrada-saída*.

[70] MURPHY, W. T. *"Systems of Systems: Some Issues in the Relationship between Law and Autopoiesis"*. Law and Critique V/2 (1994), p. 241-264, na p. 243. (*o grifo é meu*).

incréus", numa palestra em Florença: *"Quando digo 'aberto', quero dizer 'aberto' num sentido fechado"*(!).[71]

Uma vez mais, vale a pena enfatizar que não é a teoria autopoiética, *em seus próprios termos,* que sofre a crítica dos comentaristas, mas um entendimento da teoria que foi formulado usando conceitos de um paradigma diferente. A autopoiese é divisada, via de consequência, como coisa completamente diferente da forma em que foi conceitualizada por seus criadores, e, então, sua credibilidade é demolida ou sujeita a severos golpes por aqueles que a julgam abaixo dos padrões.

2.1.2.4. Atribuindo (Ir)Responsabilidade

Talvez a crítica à autopoiese que mais lhe tenha abalado a reputação e mais a tenha feito infame em meio a certos círculos seja a que se refere à sua falta de compromisso com valores morais. O primeiro a condenar a falha da teoria com relação a problemas éticos, intersubjetivos, foi Jürgen Habermas,[72] *sparring* intelectual de Luhmann por longo tempo. Argumentou ele que essa deficiência desqualificava integralmente a autopoiese como teoria social capaz de enunciados gerais sobre significado e validade e, assim sendo, limitava seu valor e aplicabilidade. [73] Pela leitura das descrições que alguns anglo-americanos fazem da teoria, poder-se-ia perdoar quem imaginasse que a autopoiese comete não o mero pecado da omissão, mas também o da comissão, por efetivamente desprezar os valores humanos e solapar os ideais de uma sociedade moral. O argumento moral contra a autopoiese é apresentado de forma convincente por Zenon Bankowski, em seu ensaio *"How does it feel to be on your own? The Person in the Sight of Autopoiesis*"*.[74] Ele critica Gunther Teubner por sugerir que a autopoiese "permite a existência tanto da responsabilidade coletiva quanto a moral". Bankowski sustenta que, uma

---

[71] KENNEALY, nota n° 31, *supra,* p. 349.

[72] HABERMAS, J. *The Philosophical Discourse of Modernity. Twelve Lectures.* Oxford: Polity Press, 1987; HABERMAS, J. *Between Facts and Norms.* Trad. de W. Regh. Cambridge: Polity Press. 1996.

[73] HABERMAS, nota n° 72, *supra,* p. 373 e 385.

* (N. do. T.) O título do ensaio de Bankowski *"Que tal é estar só? A pessoa na visão da autopoiese"* contém uma citação irônica ao verso de Bob Dylan na canção *"Like a rolling stone".*

[74] BANKOWSKI, nota n° 12, *supra.*

vez tendo Teubner rejeitado "a visão de Maturana, segundo a qual é característica constitutiva de um sistema social o fato de seus componentes serem seres vivos", não pode ele alegar que seres humanos existam dentro de sistemas sociais. Eles podem ser "sustentadores do sistema", mas isso os torna meramente "elementos no sistema", e não humanos (seres psíquicos).

Assim, de fato, a teoria *imagina* a equivalência funcional da inexistência dos seres humanos (...) a responsabilidade individual desaparece em meio à responsabilidade coletiva ou sistêmica. E esse senso de responsabilidade coletiva perde todo senso de responsabilidade individual. Porque o grupo é o responsável, não o indivíduo.[75]

Mais tarde, ele se refere à autopoiese (na versão de Teubner)[76] como "a ilusão metafísica", "Quais são as conseqüências?", pergunta ele.

O eu se perde porque se torna produto duma maneira falsa de pensar. Não se age, se ama, ou se odeia, é aquele eu construído ilusoriamente que o faz. Não se age mais. O eu – produto da teoria que se construiu para responder à pergunta sem sentido – é que o faz (...) um juiz se contradiz quando afirma que está aplicando uma lei, mas acha que ela não deveria ser aplicada – "Eu o condeno à morte, mas acho que a pena de morte está errada (...)". O que o juiz está dizendo é que, na esfera normativa do direito, você é culpado e merece ser enforcado (...) Mas não estamos falando do eu construído como juiz condenando um indivíduo construído como infrator. Estamos falando de um indivíduo causando a morte de outro (...) É ele, como juiz, pai, moralista etc., que toma a decisão e não um pedaço dele. Isso seria aceitar a ilusão metafísica e perder-se numa esfera normativa particular. A responsabilidade é evitada porque não é ele quem decide e sim aquele eu construído pela teoria da esfera normativa que ele escolheu que o faz (...) Nada disso significa que seria errado enforcar a pessoa. Poderia estar certo, mas a decisão é dele, e não se pode fugir à responsabilidade dizendo que não foi ele e sim ele como juiz que o fez (...).[77]

Roger Cotterell também aborda essa questão da responsabilidade individual num ensaio escrito para uma coleção publicada na Polônia em 1993. Em seu ponto de vista, a autopoiese é culpada por apresentar ao público "uma imagem do mundo sobre o qual os indivíduos (...) perderam o controle" e, por o haverem feito, estimulam-no "a absolver-se da responsabilidade, (...) por suas ações autônomas".[78]

---

[75] BANKOWSKI, nota n° 12, *supra*, p. 259

[76] TEUBNER, G. *Law as an Autopoietic System*. Oxford: Blackwell, 1993.

[77] Ibid., p. 261-262 [o grifo é meu]

[78] COTTERELL, R. *"Viewing legal Discourses Sociologically"*, *in* SKAPSKA, G. (editor). *Prawo w Zmieniajacym Si Spólczenstwie* (1993), p. 55-70, na p. 68.

Acho estranho esse argumento. Poder-se-ia também condenar a astronomia, a geologia, a astrofísica e muitas outras ciências e pseudociências por sugerirem que muito do que se passa no universo está além do controle, ou a psicanálise, a astrologia e várias religiões por proporem que o comportamento dos seres humanos pode estar além do controle individual deles.

No mesmo parágrafo, todavia, Cotterell muda seu argumento de que a autopoiese solapa a responsabilidade individual para o da repressão, trivialização e degradação "em condições modernas" da "razão centrada no objeto". A autopoiese, ao que tudo indica, é particularmente culpada em relação a isso, por sua redução do *status* sociológico do indivíduo teoricamente àquele de um construto ou portador de vários sistemas sociais, cuja humana autonomia se retém unicamente como um "sistema psíquico" *(o grifo é meu)*. A expressão "unicamente como um sistema psíquico" são de importância crucial a essa adaptação (alguns diriam "vilanização") da teoria autopoiética para objetivos ideológicos. A teoria autopoiética, segundo essa visão, descreve uma disputa entre o indivíduo e sua racionalidade e o mundo caótico dos sistemas sociais que, tal como o clima, não se deixa domar por ações concebidas pela inteligência humana. Os teóricos autopoiéticos enfatizam, então, as limitações da humanidade, a fraqueza do indivíduo quando, "unicamente como um sistema psíquico", ele se enfrenta com a força combinada dos sistemas sociais.

Não é difícil perceber como uma leitura superficial dos escritos de Luhmann pode causar tal impressão. Fica claro, também, que aqui há um elemento de assimilação, particularmente na obra dos sociólogos americanos, tais como Goffmann, que descreve o fenômeno da institucionalização – o indivíduo e seus valores sendo avassalados pelas exigências das normas e da organização,[79] assim como obras de psicologia sobre o autoritarismo,[80] e a autodenominada sociologia pós-moderna, que enxerga a modernidade como uma ameaça aos valores humanos e à moralidade individual.[81] Não obstante, a atribuição de poder aos sistemas e a consequente submersão ou supressão do indivíduo não têm lugar na obra de Luhmann. Sua

---

[79] GOFFMAN, E. *Asylums.* Harmondsworth: Penguin, 1968.

[80] *Vide*, p. ex., MILGRAM, S. *Obedience to Authority: An Experimental View.* London: Tavistock, 1974.

[81] *Vide*, p. ex., BAUMAN, Z. *Life in Fragments.* Oxford: Blackwell, 1995.

preocupação é, ao contrário, entender como significado e conhecimento vêm a existir e como alcançam consenso e ar de autoridade que tornam possível a existência da sociedade, e como a natureza contingente e paradoxal dessa existência se oculta de forma a permitir que a impressão de estabilidade e certeza predominem, ao menos até o ponto em que seja possível se comunicar e confiar nessas comunicações. Em sua busca de uma resposta, ele rejeita qualquer ideia de que "o homem" ou "o indivíduo" seja capaz de assumir essa tarefa. Isso não quer dizer, no entanto, que os sistemas sociais sejam as forças todo-poderosas do mundo. São os sistemas que organizam o sentido e nos permitem observar o que, de outra forma, permaneceria inobservável, mas estão sempre sob escrutínio de sua própria autorreferencialidade, sua visão limitada de mundo que "não consegue ver que é incapaz de ver o que não pode ver",[82] e, portanto, não pode se preparar para os eventos em seu ambiente ou antecipar-se a eles, sejam esses eventos produzidos pela natureza, pela consciência humana ou por outros sistemas sociais.[83] Luhmann identifica, mais adiante, "a exigência da simultaneidade" como importante embaraço às ambições dos sistemas sociais. Enquanto cada sistema terá suas formas internas próprias de organizar o tempo, criando o presente ao distinguir passado e futuro. O sistema pode divisar estratégias com que lidar com eventos no tempo – por exemplo, dispositivos legais de transferência de audiências ou adiamento de julgamentos. A exigência de simultaneidade *garante que os horizontes de passado e futuro do sistema e do ambiente se integrem, isto é, permitir sua combinação com horizontes mundiais".[84] Entretanto, não há garantia de que os eventos no ambiente do sistema se ordenarão de acordo com a

---

[82] LUHMANN, nota nº 16, *supra*, p. 139.

[83] "(...) o conceito de 'homem' (no singular!), como designação para o sustentáculo e garantidor da unidade do conhecimento deve ser abandonado. A realidade da cognição deve-se achar nas operações correntes dos vários sistemas autopoiéticos. A unidade de uma estrutura de cognição (...) só pode se situar na unidade de um sistema autopoiético que se reproduza com seus limites, suas estruturas e seus elementos (...) Há, hoje, aproximadamente 5 bilhões de sistemas psicológicos. É de se perguntar qual desses 5 bilhões é pretendido quando uma teoria do conhecimento, empregando um sistema de referência psicológica, relaciona conceitos como observação e cognição à consciência. Se nenhuma resposta aparecer, tal teoria deve ser caracterizada como prática de observação sócio-comunicativa. E a sugestão teria de ser que é melhor se refletir a respeito". LUHMANN, N. "The Cognitive Program of Constructivism and a Reality that Remains Unknown", *in* KROHN, W., KUPPERS, G e NOWOTNY, H. (editores). *Self Organization, Portrait of a Scientific Revolution. Sociology of the Sciences Yearbook*. Dordrecht: Kluwer, 1990. p. 64-85, na p. 78

[84] LUHMANN, nota nº 6, *supra*, p. 186.

noção de tempo do sistema, a "simultaneidade de todos os eventos", como sublinha Luhmann, *"significa a incontrolabilidade de todos os eventos"*.[85]

Os que criticam a autopoiese por sua amoralidade ou imoralidade deveriam ter o cuidado de distinguir duas proposições diversas. De um lado, estão os ditames da ética e da moral ocupados especificamente com a responsabilidade humana e seus limites, seja porque eles simplesmente definem a responsabilidade coletiva (ou individual), seja porque vão além e prescrevem quem ou o que deve ser responsabilizado num sem-número de situações. De outro lado, estão as proposições de autores que não as pretendiam como ditames éticos ou morais, mas que são, subsequentemente, assim interpretadas ou entendidas pelos outros. Por exemplo, os filósofos moralistas em seus escritos e os religiosos em seus sermões enunciam ditames morais. Os biólogos que analisam o comportamento humano em termos de herança genética não o fazem, embora esteja sempre aberta àqueles primeiros a interpretação de seu trabalho científico como eivado de implicações morais.

Mesmo uma leitura perfunctória de Luhmann e Teubner não deixa ao leitor nenhuma dúvida de que ambos se situam na segunda parte dessa divisória. Apesar da determinação de Bankowski (e de Cotterell, este em menor grau) de enxergarem imperativos (i)morais no livro de Teubner, *Autopoietic Law*, em nenhuma de suas 158 páginas se encontrará menção de conflito entre responsabilidade pessoal e responsabilidade coletiva, nem em lugar algum se encontrará orientação a juízes ou a quem quer que seja de como deveriam se preparar para explicar suas decisões de forma a não se responsabilizarem por elas.[86] Quem sabe se a queixa de Bankowski com relação

---

[85] LUHMANN, N. *"Observations on Modernity"*, *in* LENOIR, T. e GUMBRECHT, H. U. (trad.). *Writing Science.* Stanford, California: Stanford University Press, 1998. p. 109. Luhmann também escreveu: *"Nenhum sistema pode avançar no tempo mais rápido que os outros e assim perder a simultaneidade exigida para o contato com o ambiente (...) A diferença entre sistema e ambiente só pode ser estabelecida simultaneamente. Assim, a ligação permanente entre sistema e ambiente pressupões uma cronologia comum. (...). No entanto, autonomia temporal é condição indispensável para a autonomia em questões de fato. Se um sistema tivesse de reagir sempre a eventos do ambiente no minuto em que acontecessem, teria pouca chance de escolher sua forma de reação".* LUHMANN, nota n° 6, p. 185-186. Acima de tudo, eles não podem assumir que a noção de tempo de outros sistemas, a distinção entre passado e futuro, corresponda à deles. Qualquer distinção dessa ordem deverá ocorrer dentro de cada sistema.

[86] O mais perto que Teubner chega a uma questão de conflito moral é em sua discussão da desobediência de Antígona à ordem de Creonte, que a proíbe de enterrar seu irmão. Teubner

ao livro de Teubner não decorre da ausência de reconhecimento por parte da teoria autopoiética de uma lei divina ou moral fora do sistema jurídico, mas no interior dos indivíduos, que lhes permita saber se é certo ou errado desobedecer à lei formal, ou se tomaram a decisão correta ou errada ao pronunciarem uma sentença de morte?

Luhmann, em vários livros e artigos seus, enfrenta o tema específico da moralidade, mas sempre como um sociólogo observando as operações de "código moral" na sociedade e nunca como um filósofo moralista ou aquela espécie de sociólogo durkheimiano que acredita possível discutir ordem social unicamente em termos de moralidade ou consciência coletiva.[87]

Evidência maior de que o que tratamos aqui não é, como Bankowski tenciona fazer-nos crer, o que autopoiese diz, ou a forma com que ela quer que nos comportemos, mas com projeções subjetivas da teoria social na esfera moral que se pode encontrar na forma seletiva com que os críticos morais da teoria se lançam à sua tarefa.

Por exemplo, se se passar os olhos pelo índice da edição inglesa da principal obra de Luhmann, *Social Systems,* lá estará só uma referência à "responsabilidade". Na referida página,[88] Luhmann descreve como, "desde a segunda metade do século XVII, (...) o cálculo das probabilidades e dos riscos alargou o domínio das causalidades que se acreditam válidas". Isso, propõe ele, resultou em

> (...) efeitos colaterais equilibrados, que ocorrem fora dos efeitos pretendidos [que se] incluem (...) entre os cálculos; porque a responsabilidade moral se estabelece

---

observa: "Não se deve ver isso puramente como um conflito entre a lei divina e a lei secular, mas como um paradoxo insolúvel. Antígona sustenta que o fato de Creonte estabelecer o que é legal ou ilegal é, per se, ilegal. É neste ponto que a natureza radical da crítica de Sófocles à lei torna-se clara. Não são, como pretende a crítica contemporânea, normas legais individuais, princípios ou doutrinas que levam a antinomias e paradoxos,. Pelo contrário, é o fato de que a própria lei se baseia num paradoxo fundamental ao qual nem mesmo as versões alternativas de uma lei comunal conseguem escapar". TEUBNER, nota nº 69, *supra*, p. 7.

[87] *Vide*, p. ex., LUHMANN, N. *"The Code of the Moral"*, Cardozo Law Review 14 (1993), p. 995-1009.; e LUHMANN, N. *"Politicians and the Higher Amorality of Politics"*, Theory, Culture and Society 11 (1994), p. 25-36. Luhmann coloca sua teoria dos sistemas como um afastamento completo da sociologia durkheimiana com sua preocupação com a moralidade, e apresenta sua teoria como uma nova forma de sociologia. "A resposta à pergunta: 'Como é possível a ordem social?' não pode mais ser dada com referência ao simples fato da moralidade ou da consciência coletiva. Sem a realidade ou a relevância das questões morais sendo negadas, tais conceitos durkheimianos são substituídos por conceitos como generalização simbólica, consenso seletivo ou local, redução da complexidade social e códigos de comunicação". Canadian Journal of Sociology 2/2 (1977), p. 29-54, na p. 31.

[88] LUHMANN, nota nº 6, *supra*, p. 387.

de forma equilibrada para eles. A responsabilidade não é mais de ser aceita só por "dirigir as intenções"; deve incluir o futuro inteiro na perspectiva de uma "ética da responsabilidade".[89]

E, mesmo assim, espera-se em vão que um dos defensores da responsabilidade individual tome de assalto esse entendimento de Luhmann e o interprete como exigência da máxima extensão de tal responsabilidade. De fato, o problema todo da atribuição de responsabilidade é muito mais complexo – tanto psicológica quanto sociologicamente – do que os autonomeados guardiães da moralidade pública querem nos fazer acreditar. Está na moda, por exemplo, acreditar que o atual aumento das oportunidades de se identificarem vítimas e lançar-se a culpa pelas vicissitudes ou dificuldades por que passam sobre os outros leva necessariamente a um correspondente aumento do comportamento social responsável. No entanto, como argumentaram Antze e Lambec,[90] pode muito bem ter efeito oposto ao reduzir a disposição das pessoas a aceitarem qualquer responsabilidade por *seus próprios* infortúnios.

2.1.3. Conclusão

Uma coisa que aprendi escrevendo esse artigo foi que a forma com que – e a extensão com a qual – ideias difíceis e complexas se transformam na mão dos intérpretes é *per se* merecedora de um novo campo de estudos. A Hermenêutica, está claro, já existe como "ciência da interpretação", mas não tenho notícia de quaisquer estudos hermenêuticos acerca da transformação de teorias sociais. No campo da sociologia do direito, o trabalho de David Nelken, comparando culturas jurídicas, pode ir até certo ponto no preenchimento dessa lacuna, mas sustento que usar "cultura" como a variável independente pode, ao menos naquilo que diga com a reconstrução das teorias sociais, ser desorientador.[91]

---

[89] Uma abordagem mais completa desse aspecto dos escritos teóricos de Luhmann pode se encontrar em seu livro *Risk: A Sociological Theory*. R. Barrett (trad.). New York: Aldine de Gruyter, 1993. Quer se concorde ou não com sua abordagem, Luhmann, em seus escritos acerca do risco, ao menos lhes reconhece a complexidade.

[90] ANTZE, P. e LAMBEC. M. (editores). *Past tense: Cultural Escapism, Trauma and Memory* . New York/London: Routledge, 1996. p. xxi. *Vide* também SHOWALTER, E. *Hystories, Hysterical Epidemics and Modern Culture*. London: Picador, 1977.

[91] *Vide* KING, M. *"Comparing Legal Cultures in the Quest for Law's Identity", in* NELKEN, D. (editor). *Comparing Legal Cultures*. Aldershot: Dartmouth, 1996. p. 119-134

Uma conclusão pode ser a de que a principal dificuldade enfrentada por muitos teóricos sociais anglo-americanos – quando se confrontam com a autopoiese – advém de sua impossibilidade de reconhecer que a teoria não se ajusta rapidamente a qualquer formulação com a qual estejam familiarizados. Não pode, no mesmo diapasão, ser colocada de um lado ou doutro do atual embate ideológico sem que se produzam grandes distorções. Eu acompanharia de bom grado o comentário que Tim Murphy faz ao entendimento da teoria por Teubner no livro deste último," *The Two Faces of Janus: Rethinking Legal Pluralism*".[92] A "autopoiese", diz ele:

> (...) não desafia a atual organização da sociedade, a distribuição do poder e dos recursos ou a justeza da autoridade da lei e das instituições jurídicas (...) Não se coloca fortemente ao lado dos oprimidos; não é uma teoria crítico-emancipatória.[93]

Mas, como reconhece Murphy, "é uma tentativa de reconceitualizar como tardou para as sociedades modernas (...) trabalharem em termos operacionais".[94] Como teoria social, representa um afastamento radical das ideias existentes, uma mudança total de paradigma.[95] Nos termos ideológicos do pensamento político de finais do século XX, nada tem a dizer a favor ou contra temas como direitos humanos, comunitarismo, regulamentação de atividades empresariais, ou ajuda aos pobres. O que faz é observar os fenômenos que se desdobram como resultado das operações contingentes na comunicação dos sistemas sociais.

É claro, haverá aqueles que hão de argumentar que não existe ciência objetiva, menos ainda ciência social objetiva, que tudo é interpretação na qual os preconceitos e predileções do intérprete precisam se fazer explícitos e se sujeitar à análise crítica. O fato de o autor não estar ciente dessas influências em suas ideias é visto como uma razão a mais para explicitá-las. No que concerne a Luhmann, portanto, não é apenas um alvo lícito e um ato legítimo de parte dos eruditos, mas seu dever inquestionável o de denunciar a perigosa mensagem antiprogressista e anti-humana que se oculte por detrás de falsas pretensões à objetividade científica. Por esse raciocínio, tudo é político e assim tudo que tenha pretensões científicas *tem que*

---

[92] TEUBNER, nota nº 69, *supra*, p. 69.

[93] MURPHY, nota nº 70, *supra*, p. 248.

[94] Ibid.

[95] TEUBNER, Nota nº 69, *supra*, p. 1445.

ser interpretado como ideologia política disfarçada. Daí a descrição zombeteira de Luhmann do observador autopoiético como "o demônio",[96] e minha referência irônica à "heresia de Luhmann" no título desse artigo. Mas tudo que ocorre na sociedade pode igualmente ser visto em termos psicológicos, filosófico-morais, econômicos, religiosos ou legais e, sim, em termos sociológicos, isto é, como contributos a um corpo de conhecimento que se ocupa da operação da sociedade. Pela autoridade de quem a política se atribui sua posição privilegiada senão pela própria política? Em termos autopoiéticos, portanto, para qualquer lado que nos voltemos, somos forçados a enfrentar o paradoxo da autorreferência, a não ser que queiramos ignorá-lo absolutamente

Uma segunda questão tem de ser formulada aos que vêem o ato de reinterpretar as ideias de Luhmann, para expor seus perigos ideológicos, como a representação do progresso em si, como um passo adiante no caminho de um entendimento de sociedade mais verdadeiro, mais completo e mais válido. Stanley Fish já denunciou a contradição dessa posição em sua crítica ao ensaio de Stephen Toulmin, *The Construal of Reality*. No ensaio, Toulmin conclamou os cientistas a se conscientizarem de que "suas convicções pessoais são função de [sua] situação histórica e se resguardarem quanto a deixá-las avassalarem [sua] avaliação".[97] Além disso, previne-os de que, quando um cientista faz seu trabalho adequadamente, ele "deve estar ciente de suas próprias reações e descontar sua influência naquilo que ele procura entender".[98] A pergunta colocada por Fish é:

> O que nos capacita a fazer uma coisa dessas? (...) Como é que nos tornamos de repente espectadores puros de nossas próprias operações mentais? Se já estamos situados numa estrutura de interesses pré-dada, como é que poderemos simplesmente "descontar" esses interesses como se eles não tivessem peso algum?[99]

Se toda a racionalidade é interpretativa, por que a racionalidade dos críticos representaria uma interpretação melhor que aquela dos cientistas que eles criticam? Que bases têm eles para crer que estejam mais próximos da "verdade" ou do "progresso"? A não ser

---

[96] *Vide* KING, M. *A Better World for Children? Explorations in Morality and Authority*. London: Routledge, 1997, p. VIII.

[97] FISH, S. *Doing What Comes Naturally*.Oxford: Clarendon Press, 1989, p. 437.

[98] TOULMIN, S. *"The Construal of Reality"*, *in* MITCHELL, W. J. T. (editor). *The Politics of Interpretation*. Chicago, 1982. *Vide* FISH, nota nº 97, *supra*.

[99] FISH, nota nº 97, *supra*, p. 437.

que haja uma resposta plausível para essa questão (e eu não conheço nenhuma) então, quiçá, o melhor conselho que se pode dar aos que queiram enfrentar-se com teorias científicas é que o façam "cientificamente", isto é, para repetir o conselho de Luhmann à estudante americana: "Leia mais".

Nada disso deve ser visto como uma afirmação da perfeição da teoria autopoiética e uma refutação da possibilidade de uma crítica válida. Pelo contrário, é totalmente legítimo criticar a teoria, por exemplo, por sua ideia de diferenciação funcional,[100] pela avassaladora complexidade de seu modelo de sociedade ou a enganosa simplicidade da dicotomia "cognitivamente aberta/normativamente fechada" ou o código binário de cada sistema.[101]

Pode-se também argumentar que a teoria só provê observação e nem começa a oferecer um guia prático ou sequer maneiras de se entender as experiências práticas. Além do mais, algumas de suas reformulações poder-se-iam justificar pelo fato de que criticar a autopoiese coloca o observador frente a uma tarefa difícil, porque, uma vez dentro da teoria, não há escapatória de seu relativismo e, destarte, nenhuma forma hábil de testar seus acertos ou erros. De outro lado, afirmar que a autopoiese está "errada" desde uma posição externa à teoria sempre deixa o crítico aberto à acusação de que ele não está engajado na teoria, mas conta apenas com suas observações (inadequadas) da teoria.

Isso tudo, no entanto, não é desculpa para a má erudição. Os críticos que, ou ignoram os textos originais, ou reconstroem esses textos de forma que os modificam ou traduzem mal seu significado, não têm defesa com base no relativismo ou na interpretação legítima. Na novela de Nabokov, a paranoia e os delírios de grandeza de Kimbote podem explicar as distorções que faz das intenções de Shade ao escrever o poema, *Pale Fire*, mas não justificam sua má crítica literária.[102]

---

[100] *Vide* KNORR-CETINA. *"Zur Ultrakomplexität der Differenzierungstheorie"*. Zeitschrift für Sociologie 21/6 (1992), p. 406-419.

[101] SCHILLMEIER, M. *"Observations on Modernity Review"*. The Sociological Review 47/13 (1999), p. 617-618, na p. 617.

[102] Se quiséssemos nos engajar no jogo de palavras a que Nabokov (e Kimbote) se entregam, poderíamos chamar a atenção para a proximidade de Luhmann à palavra inglesa '*luminary*', que tem o significado figurado de "fonte de luz intelectual (...) uma pessoa de 'luzes e liderança'" *(Oxford Shorter English Dictionary)*, mas, convenientemente, quando lhe é dado seu

Enquanto alguns críticos citados neste artigo deram-se claramente a esforços consideráveis no intuito de se engalfinhar com os difíceis e desusados conceitos da teoria autopoiética, outros, de forma que também ficou clara, deram as costas aos conceitos, seja condenando-os à condição de lixo teórico, ou os reciclando duma forma que os faz parecerem familiares, banais e errados. Os estudantes que levam esses críticos a sério podem aceitar essa visão de que não vale a pena dedicarem seu tempo e esforço para entender a teoria, se tudo que precisam fazer é citar as rejeições sumárias ou as interpretações errôneas dum ou doutro eminente erudito da sociologia do direito mencionados neste artigo. No entanto, ao fazê-lo, estarão voltando as costas a uma das maiores realizações da sociologia do século passado.

2.2. A "verdade" sobre a autopoiese

A exemplo da economia e da família real, a autopoiese também vem, nesses últimos tempos, recebendo maus-tratos por parte da imprensa. O que é que se deve entender de uma teoria que, ao que tudo indica, enxerga o sistema jurídico como algo fechado a todas as influências externas e que até se recusa a aceitar a verdade óbvia de que é "o povo quem toma as decisões"? Claro que devemos nos postar ao lado dos críticos que rejeitam essa teoria de nome impronunciável e que a consideram uma tentativa dos advogados de "engrandecer o discurso jurídico, falando sobre o Direito em tons de semidesculpa e semi-admiração". Ou não seria isso que temos aqui menos uma teoria sociológica e mais o reconhecimento da necessidade do Direito de defender e perpetuar sua tradicional hegemonia declarando-se fechado, talvez uma forma nova e virulenta de positivismo jurídico?

Devo, de plano, declarar minha parcialidade. Havendo eu mesmo apresentado uma versão da teoria e aplicado seus princípios a casos envolvendo o bem-estar de menores, sinto-me na obrigação de fazer pararem os boatos e distorções sobre a autopoiese antes que adquiram o *status* de mitos inatacáveis. A par disso, há o risco de

---

significado literal de "fonte de luz", pode ser usada para se referir à estrela da manhã e daí a Lúcifer (*MicrosoftBookshelf – Thesaurus)* .Luhmann, na verdade, referia-se a si mesmo ironicamente como "o demônio", que ajunta tempero à referência à "heresia de Luhmann" no título deste artigo. Mas essa bobagem não nos leva a lugar algum (...)

os mal-entendidos que são jogados por aí impedirem os estudantes do esforço necessário ao entendimento da teoria. Isto, penso eu, seria uma lástima, eis que, malgrado sua natureza contraditória, a autopoiese oferece entendimentos novos e valiosos quanto ao funcionamento do sistema jurídico e suas relações com outros sistemas sociais.

2.2.1. O sentido da autopoiese

Mais apropriado seria descrever a autopoiese como modelo teórico do que como teoria unificada. Tal como a teoria marxista ou a psicanalítica, aparece em formas variadas, mas todas têm as mesmas características básicas. Seu principal expoente na sociologia é o teórico alemão Niklas Luhmann e é sua versão da teoria, na maior parte, a que descreverei neste artigo.

Autopoiese é, assim, uma abordagem teórica à operação dos sistemas sociais, de suas relações entre si e com o meio ambiente. Seus críticos tendem a vê-la como sinônimo de autonomia, o que os leva a apontar o absurdo de se pretender um sistema jurídico isento de influências políticas e econômicas. Os expoentes da autopoiese, no entanto, não colaboram para esclarecer a questão, por usarem de maneira aleatória e intercambiável os termos "autorreferente", "autoprodutivo" e "autopoiético".

Para entender a autopoiese, é de mister buscar suas origens no desenvolvimento da teoria dos sistemas *sociais*. À exceção dessas áreas das ciências sociais que, sustentadas por sua forma procedimental singularíssima, continuam a contemplar os sistemas sociais como formados por estruturas administrativas e/ou unidades interconectadas de tomada de decisões, o eixo principal da teoria social dos últimos vinte anos moveu-se na direção de sistemas cada vez mais abertos. Cada vez mais se viram os sistemas se adaptando a seu meio ambiente, com ações e decisões sob a influência do meio ambiente ou determinadas por aquele meio ambiente. De fato, para o teórico social, a abertura do sistema social é pré-requisito essencial para o equilíbrio da sociedade. Uma vez que, consoante opiniões como estas, não havia linhas divisórias evidentes entre os sistemas exceto aquelas flexíveis e arbitrárias traçadas para situações específicas, era possível pensar em termos de uma hierarquia de poder entre sistemas ou de um sistema, como a economia, a exercer controle sobre a produção total de outro sistema. Os sistemas foram, portanto, contemplados como abertos à influência direta de outros sistemas e da mesma forma que ao meio ambiente social em geral.

Essa abordagem de sistema aberto deu a impressão de que os sistemas sociais se engajavam em coletar e organizar "fatos" do meio ambiente e operar com base neles. Os "fatos" do meio ambiente eram vistos como a matéria-prima em que se baseava o sistema para satisfazer suas necessidades de produção. Mesmo se se admitisse, sob a influência dos modelos de sociedade construtivistas, que ideias tendenciosas e preconceitos daqueles indivíduos que operavam o sistema podiam afetar a interpretação dos fatos sociais, das ações e decisões que dessas interpretações emergiam, tais distorções podiam ser detectadas e identificadas através da referência a uma *realidade social objetiva.*

A partir de 1982, Niklas Luhmann, que anteriormente desenvolvera suas ideias segundo linhas funcionalistas parsonianas, deixou de conceber os sistemas como modelos de *input-output*, preferindo dar cada vez mais atenção às suas operações internas de autoprodução (isto é, autopoiese). Para tanto, baseou-se no trabalho dos biólogos chilenos Maturana e Varela, que foram os primeiros a desenvolver a ideia de que os sistemas biológicos são unidades que repetidamente reproduzem seus elementos a partir de seus próprios elementos e assim se tornam independentes de seu meio ambiente. Luhmann estremou a autopoiese social de suas origens biológicas identificando a *comunicação* como elemento básico dos sistemas sociais e definindo os sistemas sociais não como grupos de pessoas (os "seres humanos acoplados" de Maturana), mas como sistemas de significado. Embora os princípios da teoria sejam idênticos – ou ao menos bastante semelhantes – aos da autopoiese biológica, o tipo de elementos e estruturas aos quais a teoria se refere são, portanto, bastante diferentes. Em vez de células, organismos, do sistema nervoso, do sistema cardiovascular, do sistema digestivo e assim por diante, o que se têm são comunicações como síntese de informação, expressão e entendimento (aí incluídas comunicações não verbais como sinais, gestos e ações). "Esta síntese é produzida pela rede de comunicação, não por algum poder inerente da consciência ou pela qualidade intrínseca da informação". É essencialmente antiestruturalista, pois, como argumenta Luhmann, "a comunicação não se produz pela linguagem. Os estruturalistas nunca foram capazes de demonstrar como uma estrutura pode produzir um evento". Para a autopoiese, "é a rede de eventos que reproduz a si mesma e as estruturas são necessárias para a reprodução dos eventos pelos eventos". Os sistemas sociais, como redes de comunicação, produzem seu próprio sentido. Na versão luhmanniana da autopoiese, eles não desempenham, como propuseram outros teóricos, operações de interpretação e seleção dos fatos "recolhidos" no meio ambiente social. Pelo contrário, os sistemas sociais constroem aquele meio ambiente e desempenham suas operações no meio ambiente que eles mesmos construíram. O critério definidor de um sistema social autopoiético é que ele deve conter e constitui "uma representação da sociedade dentro da sociedade". Sistemas sociais diferentes se distinguem uns dos outros pelo sentido que cada um dá às relações e eventos no mundo social.

Se os sistemas sociais são sistemas de significado, as pessoas "existem" dentro dos sistemas somente de acordo com o significado que cada sistema lhes confere (os "artefatos semânticos" de Teubner). No entanto, contrariamente à impressão de alguns críticos, aos indivíduos é dada uma existência independentemente de sua representação dentro do sistema social: eles são sistemas autopoiéticos *per se*, tanto no sentido biológico quanto no psíquico. Como sistemas psíquicos, suas comunicações internas (sejam elas conscientes ou inconscientes) constroem significados tanto a partir de seu meio ambiente quanto a partir de seu meio ambiente fisiológico interno. Esses sistemas psíquicos, deve-se enfatizar, são separados e distintos de outros sistemas. Quando um indivíduo expressa seus pensamentos a outro, as comunicações entram no domínio social.

Segundo Luhmann, pelo fato de os sistemas usarem códigos e procedimentos diferentes para validar a realidade e assim construir o meio ambiente externo, não podem se comunicar diretamente entre si, isto é, não podem transmitir o significado diretamente. Nesse sentido, são fechados. No entanto, a fim de manter sua existência, os sistemas sociais e psíquicos precisam reproduzir dentro de si sua versão do meio ambiente social externo. Esse meio ambiente externo pode também incluir outros sistemas sociais. Como escreve Habermas, explicando a teoria de Luhmann, "todos os sistemas são meio ambiente uns para os outros, mutuamente amplificando a complexidade ambiental que cada um deve dominar".

Já vimos o modo como os indivíduos também se constroem como *artefatos semânticos* dentro das comunicações de um sistema. As implicações dessa forma paradoxal de comunicação que tem a aparência de não comunicação entre sistemas que se relacionam com outros sistemas pela reconstrução desses sistemas dentro de sua própria realidade e a forma pela qual os sistemas se acoplam e interferem uns com os outros serão explicados com referências específicas ao sistema jurídico no próximo tópico.

2.2.2. Um novo paradigma?

Um dos grandes obstáculos ao domínio da teoria autopoiética é que o que ela tem para dar é quase uma ruptura completa em relação à tradicional teoria social da Europa e da América. Escrevo isso com certa hesitação, porque é, sem dúvida, verdadeiro que elementos importantes da autopoiese devem-se a teóricos de antanho como Marx, Durkheim, Parsons, Weber e Berger e Luckmann. Uma dificuldade a mais é o fato de dois protagonistas centrais da teoria, Niklas Luhmann e Günther Teubner, haverem mudado de paradigma em meados dos anos 80. Em seus trabalhos anteriores, portanto, ver-se-á Luhmann desenvolvendo o funcionalismo parsoniano dentro da moldura geral da teoria dos sistemas, e Teubner a se inspirar em Habermas, Selznick, Weber e Luhmann em seus escritos teóricos acerca do Direito reflexivo.

Não surpreende que a autopoiese, por ter suas origens nas ciências biológicas, seja objeto de muitas críticas. Para alguns sociólogos, qualquer teoria que use modelos biológicos recende a *Darwinismo social*, sendo, por isso, suspeita. Críticas amplas assim costumam provir de gente que decidiu descartar inteiramente a teoria.

Críticas mais sofisticadas vieram de biólogos responsáveis pela concepção e pelo desenvolvimento da ideia original de autopoiese e recomendaram cautela na aplicação aos sistemas sociais de uma teoria originalmente destinada a explicar a vida orgânica. Varela, por exemplo, vê o termo "produção" na teoria autopoiética como aplicável única e exclusivamente a fenômenos naturais como as células vivas. Uma porção de sociólogos endossou este ponto de vista. Essa objeção, no entanto, só é válida se os teóricos sociais tentarem uma tradução direta da biologia para a sociologia, substituindo as células por indivíduos ou grupos de pessoas organizados na persecução de objetivos comuns. Luhmann evita o pecado do biologismo social como já apontei, isto é, o de definir os sistemas sociais não como biossistemas ou "seres humanos acoplados", mas como sistemas de significado-produção.

O filósofo italiano Danilo Zolo, no entanto, em crítica enérgica à autopoiese social, protesta veementemente contra se arrancar a teoria autopoiética das ciências da vida e replantá-la nas ciências sociais, embora admita a "grande liberdade de invenção" e a "capacidade inexaurível de sofisticação conceitual" de Luhmann. A teoria biológica, sustenta ele, estava baseada em observações experimentais validadas por provas estatísticas, enquanto a autopoiese social não tinha base em observações empíricas ou evidências. Além disso, acusa Luhmann de desenvolver a autopoiese "em total independência com relação a qualquer tradição teórica". Seu único objetivo, aduz, "parece ser a construção de uma 'superteoria' baseada na livre interpretação de outras teorias" (p. 83 em diante). De sua posição filosófica erudita, Zolo pode até ter razão, mas deve-se dizer que nenhuma teoria social científica jamais se fundou em bases firmes de evidências empíricas inequívocas (embora Marx haja assim alegado em favor de sua teoria), nem teriam como sê-lo em razão do importante elemento interpretativo nelas presente. O teste para a autopoiese não deve ser se ela preenche mal ou bem os requisitos de Zolo (ou de qualquer outro) para o desenvolvimento das ciências sociais, mas se a teoria fornece uma forma convincente de entender algumas complexidades das sociedades modernas e das relações das pessoas nessas sociedades.

2.2.3. O sentido do direito

Essa visão de um mundo de sistemas em confronto contínuo uns com os outros tem importantes implicações para o Direito. Na maior parte das sociedades democráticas, o Direito é percebido como o "grande regulador", capaz de exercer influência considerável sobre o comportamento social principalmente em virtude de sua aparente habilidade de alterar a relação custo-benefício para aqueles atores individuais encarregados de administrar e gerenciar os sistemas. Ao mesmo tempo, o Direito é considerado um meio poderoso para se alcançar objetivos políticos e econômicos. Isso levou estudiosos críticos do Direito a aventarem uma "desconstrução do Direito", que o veria pelo avesso, penetraria a superfície do discurso jurídico e tornaria possível desvendar os propósitos políticos ocultos na lei.

Comprovou-se, porém, uma porção de problemas com essa visão utópica do Direito como eficaz regulador do comportamento social. Não menos importantes foram as evidências crescentes que o Direito fracassara na realização das grandes esperanças que nele haviam se depositado. As tentativas de regular sistemas sociais pela lei pareciam funcionar com eficácia por breve tempo para, logo em seguida, produzir consequências imprevistas por legisladores e candidatos a reformistas. Os críticos também descobriram que sua análise desconstrutivista, ao contrário do que haviam esperado, não lhes fornecia o modelo com que traçar um nexo de causalidade entre as forças políticas e a lei. Pelo contrário, a relação entre os dois sistemas era bem mais complexa do que haviam esperado. As sentenças não eram determinadas pela política dessa forma simples e direta.

Críticas mais gerais também foram desferidas contra o papel supostamente benigno do Direito como "grande regulador". Habermas se queixa da "juridificação da vida quotidiana (...) a tendência de crescimento das leis escritas" que incluem "a regulação de sistemas sociais até aqui regulados informalmente (...) reprodução cultural, integração social e socialização colonizatórias" e da "destruição dos padrões tradicionais da vida social". Outros se referem ao Direito como o meio pelo qual a cultura e a ética são colocadas a serviço do poder, enquanto Nelken vê o Direito como "o grande ocultador, que esconde a violência que está na base da ordem social".

Seria errado, no entanto, enxergar o aparecimento da teoria autopoiética em termos estritos como uma resposta às deficiências, inadequações e transgressões do Direito – uma tentativa nobre de colocar o Direito em seu lugar. As intenções de Luhmann eram bem mais ambiciosas. Ele quis uma teoria totalizante, na tradição europeia das grandes teorias, que se estendesse a toda a sociedade e a todos os sistemas sociais. Não obstante, é decerto verdade que a maior parte da obra autopoiética escrita a ser traduzida para o inglês preocupou o sistema jurídico. Não surpreende, dessarte, que um comentarista inglês haja caracterizado a autopoiese como uma desorientada tentativa dos advogados de impor ao mundo sua abordagem baseada em sistema fechado ao invés do sistema aberto preconizado pelas ciências sociais. Esta observação se baseia na errônea ideia de que uma coisa chamada "discurso jurídico" de certa forma programa advogados e juristas para que aceitem a visão de um sistema jurídico fechado. Embora seja verdade que o positivismo de Kelsen possa ver o Direito como um sistema fechado, com a lei justificável apenas pela lei, não há razão imperiosa para que os advogados, mais que quaisquer outros, vejam a lei e os sistemas sociais como fechados. Como demonstrei, há um forte argumento no sentido oposto, que vê os advogados como muito mais propensos a uma visão aberta do sistema jurídico, tanto para seu uso como veículo de estratégias políticas e econômicas quanto para a sujeição direta a forças políticas e econômicas em suas operações internas. Da mesma forma, como anotado, muitos cientistas sociais adotaram para si uma abordagem de sistemas fechados.

Essa visão do "discurso jurídico", no entanto, e por errônea que possa ser, provém da justificável confusão quanto ao sentido do Direito na teoria dos sistemas sociais em geral e, em particular, nas teorias autopoiéticas. É talvez tentador, em especial para os comentaristas ingleses, enxergar o Direito como aquele reino secreto em que os juízes são o poder dominante enquanto a polícia, os advogados e os procuradores os ouvem atentamente. É fácil compreender que essa imagem popular do Direito como um "mundo fechado" dê azo à ideia de que os advogados pensem o Direito como um "mundo fechado". Todavia, quando os teóricos da sociologia e os juristas escrevem acerca do Direito ou do sistema jurídico, eles têm em mente algo diferente. Direito, aqui, significa aquela rede de regras e decisões provenientes das leis e dos tribunais e também as do pessoal ligado ao Direito (juízes, polícia etc.) quando interpretam e fazem cumprir tais regras e decisões. O Direito, nesse sentido mais amplo, é definido como "um meio de governança por meio da aplicação de sanções", como "comandos sustentados pela força", como "a probabilidade da coerção para precipitar a conformidade" de Weber.

Se avançarmos até a teoria autopoiética, acharemos ainda outra definição do Direito e do sistema jurídico, em que a ameaça do uso da força ou das sanções não é mais sua característica definidora.

Aqui os sistemas sociais consistem, conforme já vimos, não em indivíduos ou unidades organizadas, mas em comunicações. No sistema jurídico, os eventos sociais adquirem significado por meio do *código binário lícito/ilícito, legal/ilegal,* singularíssimo ao Direito. Um evento no meio social não pode ser interpretado simultaneamente como lícito e ilícito, ou como estando dentro e fora do âmbito legal. Tais categorias são mutuamente excludentes, mesmo em caso de uma conduta lícita ser posteriormente declarada ilícita ou vice-versa.

Qualquer lei ou pronunciamento que codifique atos de acordo com esse código binário lícito/ilícito pode ser considerado parte do ordenamento jurídico, sem importar onde foi feito ou por quem. Nesse sentido, o sistema jurídico não se confina às atividades das instituições jurídicas formais. O ensino e interpretação das normas legais em Faculdades de Direito é vista, portanto, como Direito, como também o são a criação de novas leis e regulamentos pelos legisladores e departamentos governamentais. Assistentes sociais que investiguem casos de maus-tratos a menores com vistas a possível processo judicial são tratados como parte do sistema jurídico; também o são os cirurgiões que se neguem a realizar operação que possa salvar a vida de uma criança por falta de aquiescência dos pais. Todos são exemplos do mundo social codificados como lícitos ou ilícitos e a comunicação das declarações baseada nesse código.

Inversamente, nem todas as comunicações feitas por advogados, juízes, policiais etc., seja perante o juízo, seja durante o curso das investigações ou nos estágios anteriores ao processo, são comunicações legais. Quando um juiz, por exemplo, conferencia com advogados sobre a possibilidade de economia no custo do processo se houver um acordo, pode muito bem fazê-lo sem qualquer referência à legalidade das reivindicações das partes em conflito. A comunicação deverá, portanto, ser vista como econômica, e não como legal. Só se tornará parte do sistema jurídico se o juiz fizer uma sugestão aberta ou velada de que um das partes poderá perder a ação se não se chegar ao acordo. No mesmo diapasão, quando os tribunais dos Estados Unidos nomeiam um administrador para uma prisão estadual com histórico de discriminação racial, o que farão será comunicação política ou administrativa, e nunca jurídica.

A complicação final dessa história complexa é que uma comunicação pode existir e ter significado em mais de um sistema.

O sentido para cada sistema pode, no entanto, ser bastante diferente. Tomemos, por exemplo, a controvérsia acerca do consentimento num caso de estupro. Não só as manifestações da mulher podem ter um sentido diferente para o sistema psíquico do homem e da mulher envolvidos no caso, assim como a lei haverá de impor seu próprio sentido a essas comunicações. Do mesmo modo, na transação quanto aos filhos que se opere no bojo de um divórcio, a palavra *acordo* poderá ter um significado muito diferente para conciliadores e pais do que aquele dado pelos advogados e juízes.

2.2.4. Autopoiese do Direito

Segundo Teubner, a chave para o entendimento da autonomia do Direito é a "relação de três níveis da auto-observação, da auto-constituição e da autorreprodução":

> Tão logo as comunicações jurídicas sobre a distinção fundamental entre legal e ilegal começam a se diferenciar da comunicação social geral, inevitavelmente tornam-se auto-referentes e são obrigadas a considerar-se em termos de categorias jurídicas

O entendimento da autopoiese jurídica de Teubner é diferente do de Luhmann, que não aceita nenhuma ideia de autopoiese parcial. Ou o direito se reproduz por si mesmo ou não, e nas sociedades modernas o direito se reproduz. Para Teubner, por outro lado, a autonomia e a autopoiese são mais bem entendidas como uma questão de grau. Devemos ser capazes de identificar o grau de autopoiese num sistema legal examinando em que extensão aquele sistema consegue "constituir seus próprios componentes, ação, norma processo, identidade – em ciclos auto-referentes". Quando esses ciclos se unem para formar um hiperciclo de sistemas autorreferentes, o sistema jurídico pode-se dizer totalmente fechado ou autopoiético. Um componente essencial para o sistema jurídico autopoiético é, assim, sua capacidade de auto-organização, para divisar as regras que regem suas próprias operações – "as normas secundárias" de Hart, isto é, as regras que determinam se as suas próprias decisões são legais ou ilegais, regras que regem a produção de regras. Para a pergunta "Como é que sabemos que um evento social é legal ou ilegal?", a resposta é "porque o Direito assim o diz". E, para a pergunta: "Como é que nós sabemos se a decisão do Direito é legal ou ilegal?", a resposta tem de ser novamente "porque o direito assim o diz". É assim que se entra no hiperciclo de circularidade que Teubner descreve e que identifica os sistemas autopoiéticos.

Comunicações jurídicas ocorrem quando as pessoas se expressam, em termos de legalidade/ilegalidade, legal/ilegal, e sempre que os seus atos de comunicação se dirijam à propositura da ação ou sua contestação. O direito, no entanto, trata obviamente de comunicações sobre regras e sua aplicação a eventos no mundo social. Não cria e não pode criar, receber ou produzir comunicações não legais sobre, por exemplo, a política econômica do país, o tratamento médico, os valores morais ou a vida em família. Produz, todavia, comunicações jurídicas paralelas sobre todas estas questões, e, através dessa produção, as transforma em declarações jurídicas.

No papel de gestão de conflitos e no da produção de regras, portanto, o sistema jurídico se confronta com eventos que surgem em diferentes áreas da atividade social. Nesse sentido, é *cognitivamente aberto.* Mas, como diz Luhmann: "não pode se comunicar com o ambiente, mas deve obrigatoriamente se comunicar acerca do ambiente". Os acontecimentos do ambiente externo, uma vez ingressados no domínio das comunicações jurídicas transformam-se inevitavelmente ou são reconstruídos pelo Direito de forma que lhes permite converterem-se em eventos reconhecíveis como comunicações jurídicas que possibilitam a criação ou a confirmação de regras que governem tais eventos. Tão logo se estabeleça essa relação entre o Direito e eventos em outros sistemas, o caminho está aberto para que a relação continue e para futuros eventos no mundo social de natureza semelhante automaticamente causem o aparecimento de coisas semelhantes dentro do sistema jurídico. Na linguagem da teoria autopoiética, uma *perturbação* no ambiente social que penetre o sistema de sentidos do direito cria um *acoplamento estrutural,* no ponto de perturbação entre direito e quaisquer outros sistemas, tanto sociais quanto psíquicos, que hajam gerado a perturbação. A partir deste momento, acontecimentos no âmbito dos sistemas não jurídicos se acoplam em paralelo, mas de forma independente aos acontecimentos no sistema jurídico.

Tomemos o exemplo relativamente simples de um acidente de carro. Podemos imaginar a primeira vez que uma colisão entre dois carros deu causa a uma ação judicial. O evento físico da colisão passou a ser uma perturbação no mundo jurídico, tão logo as pessoas afetadas pelo acidente comunicaram-se em termos responsabilidade civil e culpa. Ao mesmo tempo, o acidente representou uma perturbação no sistema social das relações econômicas, nos sistemas psíquicos das pessoas envolvidas e, se eles sofreram ferimentos, nos seus sistemas biológicos. Uma vez construído como um acontecimento no mundo de sentido jurídico, os acidentes de trânsito e as perturbações por eles criadas dentro do âmbito dos sistemas não jurídicos acoplaram-se estruturalmente ao direito, dando origem a um subsistema de conceitos jurídicos que refletiu a diversidade das perturbações associadas a este tipo de incidente.

2.2.5. Características específicas das teorias autopoiéticas

2.2.5.1. O Direito como um sistema fechado

Embora eu tenha roçado a superfície da polêmica questão do fechamento do direito anteriormente nesse artigo, ela é tão central para o conceito de direito autopoiético que precisa de ser abordada com mais detalhes. Como vimos, as teorias autopoiéticas sustentam que o direito moderno é cognitivamente aberto, mas normativamente fechado. Alguns críticos viram a ideia de direito fechado como o despertar do encanecido formalismo judicial e do positivismo jurídico, do direito como um sistema autônomo onde os que tomam decisões operam completamente à margem de quaisquer pressões externas, e onde o estudo da lógica interna do Direito dirá tudo que se precisa saber sobre o sistema jurídico. Essas críticas, no entanto, levaram o Direito para fora de seu contexto na nova visão de mundo de Luhmann e interpretaram a "autopoiese jurídica" como idêntica à "autonomia jurídica". Segundo Lempert, por exemplo, o que Luhmann nos pede que aceitemos é a estranha proposição de "um sistema jurídico que, no caso ideal, é independente de outras fontes de poder e autoridade na vida social", isto é:

(...) fora do controle dos órgãos políticos do governo (...) livre das influências daqueles órgãos que respondem para as relações de poder na sociedade e a elas se incorporam (p. 157)

James vai mais longe ainda quando insiste que o sistema jurídico não pode ser fechado, porque "o direito por sua própria natureza é uma instituição social e o meio ambiente no qual ele existe é um ambiente social". Ele então descreve como o direito é:

> (...) estruturalmente ligado a outras instituições sociais fundamentais tais como o Parlamento, de forma tal que sua natureza, forma e conteúdo (...) são determinados de necessidade pelos seus parâmetros, tanto sociais quanto institucionais.

Para James, dessarte, o direito não pode ter operação autônoma, mas é "moldado por seu ambiente [social]", embora isso deixe sem resposta importantes perguntas, tais como que forças são essas e como exatamente elas moldam o Direito.

O primeiro ponto a ser afirmado é que o direito na teoria autopoiética se refere, como já vimos, a um sistema de sentido, e não a estruturas institucionais formais. Os limites do direito não são determinados nem pelas paredes do tribunal nem pelo alcance de seu longo braço, mas pela aplicação ao ambiente externo do código legal/ilegal. O direito só existe como comunicações jurídicas. Em segundo lugar, a teoria não nega a possível influência de outros sistemas sociais – políticos, econômicos, religiosos etc. – sobre o conteúdo das comunicações jurídicas, mas refuta a possibilidade de esses sistemas determinarem as comunicações jurídicas de forma direta ou previsível. Rejeita, por conseguinte, tanto a crença ingênua do realismo jurídico nos fatores sociopsicológicos como determinantes das decisões judiciais quanto a determinação política alegada por alguns juristas.

O Direito é visto como um sistema comunicativo que produz normas de conduta tanto para suas próprias operações quanto para a sociedade em geral. Como tal, é fechado no sentido de que não pode produzir nada a não ser Direito e também no sentido de que suas operações são impermeáveis a comunicações diretas de outros sistemas sociais. Isso não quer dizer que a legislação ou as decisões dos juízes estejam à margem de qualquer influência de fatores políticos ou econômicos. O que a teoria autopoiética propõe, mais exatamente, é que o sistema jurídico é fechado normativamente, mas *aberto cognitivamente*. Trata-se, como Teubner enigmaticamente nos diz, "aberto de uma forma fechada" (!)

As comunicações normativas de outros sistemas não podem ser simplesmente reproduzidas pelo direito como comunicação jurídica. Elas primeiro têm de se reconstruir como Direito se quiserem ser aceitas como Direito, e este processo de reconstrução pode muito bem dar origem a distorções e reduções imprevistas ao sentido das comunicações originais como formuladas pelos sistemas políticos ou econômicos. O exemplo de James sobre as atitudes de uma certa Sra. Gillick, que ele afirma "desempenharam papel importante para esclarecer e recompor o conceito de responsabilidade dos pais, que haveria de se tornar central à filosofia [da Lei de Menores]", não levanta qualquer problema para a noção de fechamento autopoiético.

Apesar da afirmação de James em contrário, a Lei de Menores não propôs uma posição filosófica sobre a relação entre pais e filhos; ela reformulou ou reconstruiu princípios filosóficos ou políticos relativos aos direitos da criança em termos jurídicos, tais como o direito da criança a ser consultado nas decisões relativas ao seu bem-estar. Do mesmo modo do caso Gillick, na Câmara dos Lordes, já tinha fornecido seu próprio teste jurídico da competência da criança para decidir acerca de tratamento médico e como essa decisão haveria de ser respeitada. Uma vez reconstruídos no interior do direito, enunciados filosóficos, morais ou religiosos tornam-se parte do sistema de sentido do direito, sujeito a seus procedimentos reprodutivos e realidades vigentes. A forma pela qual a Corte de Apelações – no caso Re R (A Menor) – posteriormente interpretou e modificou o teste de competência Gillick serve como exemplo desse processo. Os teóricos autopoiéticos, por isso, não discutiriam com James sobre a possibilidade do direito ser motivado por acontecimentos externos. O que eles iriam questionar, no entanto, é sua sugestão de que os atos legislativos (ou decisões judiciais) podem ter uma filosofia. Eles podem ser inspirados por princípios filosóficos, mas, na realidade, produzem Direito e nada mais.

De modo semelhante, as inclinações pessoais e os preconceitos de juízes, magistrados e legisladores também têm de ser reconstruídos como Direito se eles quiserem transitar do psíquico para o social. Isto não quer dizer que esses sistemas externos não tenham qualquer influência no Direito, mas sim que a natureza e a extensão dessa influência deverão ser determinadas principalmente pelas operações internas do Direito de forma a não serem previsíveis através de uma análise que, embora sofisticada, pertença exclusivamente a essas forças externas.

2.2.5.2. Autopoiese social e autopoiese psíquica

Luhmann afirma de forma bem clara que a autopoiese "impossibilita o humanismo". Seu motivo é que não há no mundo social "nenhuma unidade autopoiética de todos os sistemas autopoiéticos que constituem o ser humano". No entanto, acrescenta, isso não é para negar que todos somos humanos, mas para rejeitar a ideia da humanidade das pessoas como ponto de partida para qualquer análise científica da sociedade moderna. Sejam quais forem os efeitos da teoria autopoiética sobre nossa concepção das pessoas e de seu lugar no cosmos social, a intenção de Luhmann era dar uma alternativa ao que ele vê como formas ultrapassadas e cada vez mais irrelevantes de explicar a relação dos seres humanos com a sociedade do final do século XIX, através da cisão da consciência numa identidade pessoal e numa identidade social (por exemplo, o ego e superego de Freud). O que autopoiese rejeita, portanto, é o tipo de análise que parta da premissa "é tudo acerca da pessoa", mas, longe de destruir o indivíduo, Luhmann pretende "reformular a consciência individual numa forma de sistema teórico". Como resultado desta reformulação, os indivíduos se reconstroem ou interpretados como sujeitos epistêmicos no âmbito de diferentes sistemas sociais de sentido e simultaneamente também como sistemas psíquicos. É como sistemas psíquicos que os indivíduos dão coerência e significado a sistemas de sentido diferenciados no universo social. Isto, é claro, está longe da tradição modernista do indivíduo como o motor principal do universo social. Em vez disso, vê as pessoas, de um lado, como construtos de todos os sistemas sociais de sentido cujo discurso "humano" (sejam atos ou palavras) é imprescindível para que os sistemas se definam, se observem e se reproduzam. No entanto, cada indivíduo é, por sua vez, um sistema psíquico, que reconstrói como comunicações psíquicas (e não sociais), através de seu pensamento ou das representações internas dentro de seu próprio hiperciclo psíquico autopoiético de sentido, aqueles sistemas sociais com que se confronta no mundo. Além disso, os indivíduos, como sistemas psíquicos, são excepcionalmente capazes de reconstruir esses diferentes sistemas sociais, de forma a lhes permitir operarem simultaneamente dentro de dois ou mais sistemas sociais de sentido.

Se tomarmos o exemplo do desenvolvimento e reprodução do Direito como um sistema social, ele opera de forma totalmente independente dos sistemas psíquicos individuais. Normas jurídicas podem haver-se tornado fenômenos psíquicos, na medida em que, interiorizadas, servem para determinar as expectativas dos cidadãos em sua marcha no âmbito do sistema jurídico de sentido. Como sistemas psíquicos, no entanto, indivíduos ou grupos de pessoas não podem produzir normas jurídicas. A realidade do Direito, por isso, não é a realidade de cada um dos advogados, mas é por meio das perturbações no ambiente social que eles e outros criam (como sistemas psíquicos) que muitos acoplamentos estruturais se desenvolvem entre o sistema jurídico e outros sistemas sociais. Pode-se até afirmar que as operações sociais do Direito na sua gestão de conflitos sociais e o superávit que adquire em termos de aumento da sua própria capacidade de produção normativa são dependentes das operações integradoras e produtoras de coesão dos indivíduos como sistemas psíquicos.

Uma apreciação deste importante papel que os indivíduos desempenham como sistemas psíquicos na autopoiese solapa a maioria das alegações de suas propriedades destrutivas e desumanas – as de que ele criaria uma sociedade povoada por humanóides reconstruídos, ao invés de indivíduos com sentimentos humanos e com sentido de justiça. Muitas dessas críticas vêm sendo expressas em termos rebuscados e dramáticos. Assim, de acordo com um comentarista, "como a bomba de nêutron, a autopoiese extingue o sujeito e deixa os objetos inanimados no mesmo lugar."

Zenon Bankowski é outro crítico que aponta os efeitos supostamente desumanizadores da teoria. Reclama que não é apenas a concentração em sistemas que remove o indivíduo do palco principal, mas que a teoria nega efetivamente as qualidades humanas essenciais para um sistema equânime e humano de justiça, demitindo aqueles que tomam as decisões de qualquer responsabilidade por seus atos. Um terceiro crítico, em sua tentativa de defender o ser humano contra os poderes desumanizadores da autopoiese, chega a negar a existência de pressões institucionais no processo de tomada de decisões judiciais. Não existem "advogados", escreve ele, "mas apenas pessoas empregadas como advogados (...) São as pessoas, não os construtos quem toma as decisões" (grifo no original).

Parece haver duas vertentes que alegam que a autopoiese destrói ou degrada o indivíduo e sua humanidade essencial. A primeira diz que, por nos concentrarmos nas operações dos sistemas, nos arriscamos a criar – ou voltar a – formas desumanizantes de regulação e controle, em que as pessoas se tornam meras cifras, pontinhos descartáveis nas desonestas e lucrativas empresas de Harry Lime. Já deve ter ficado claro, entretanto, aos leitores deste artigo que a ideia de que a teoria dos sistemas em geral ou autopoiese em especial vão de alguma forma de braços dados com a padronização e a regimentação dos governos totalitários é uma concepção errônea. Além disso, como Sean Smith argumenta, essa corrida dos críticos da autopoiese para abraçar a bandeira da "individualidade" parece um tanto estranha quando ainda estamos cambaleando com o impacto das revelações de Michel Foucault sobre o enorme aumento na vigilância e na opressão que as políticas sociais centradas no indivíduo provocaram.

A segunda vertente dos argumentos anti-sistemas afirma que para eliminar o indivíduo como motor primário do mundo social de sua posição central na análise social, e rejeitar até o fato da individualidade como um elemento conceitual essencial na teoria social são proposições tão absurdas que qualquer modelo teórico que as inclua não merece ser levado a sério. Os fortes sentimentos que a autopoiese desperta podem ser compreensíveis, mas, como já demonstrado, eles são dificilmente justificáveis a luz do que a teoria realmente diz.

2.2.5.3. Autopoiese, injustiça e política social

A teoria autopoiética não pode responder a questões colocadas por advogados ou pesquisadores liberal-reformistas que querem saber que elementos na administração e na tomada de decisões judiciais causa injustiça e ineficiência nos casos individuais e como se remedeiam esses problemas através de reformas legislativas ou administrativas. Com efeito, esperar que a autopoiese explique decisões judiciais individuais é como pedir à teoria evolutiva explicar a morte de um cãozinho de estimação. Assim como a teoria de Darwin abrange mas não explica os ciclos de vida de cada uma das criaturas, da mesma forma a autopoiese abrange mas não explica porque um juiz chegou a uma decisão num determinado caso. Ambas, no entanto, explicam a evolução dos sistemas biológicos e dos sistemas sociais.

Assim como não explica as decisões judiciais isoladas, a teoria é também de pequena utilidade para aqueles que querem que ela preveja o resultado de processos judiciais ou debates legislativos. No entanto, de forma mais geral, ela poderá, mediante identificação das principais tendências no desenvolvimento do Direito em diferentes áreas, oferecer algumas reflexões sóbrias sobre a capacidade do Direito de regular o comportamento de outros sistemas. Para aqueles que querem reformar o sistema jurídico, será capaz de dar conta da maneira pela qual o sistema opera, o que é um avanço considerável sobre os modelos de simples *input/output* de teorias jurídico-sociais críticas anteriores. A amplitude de seu conceito de Direito lhe permite identificar formas emergentes de fenômenos jurídicos fora do sistema legal formal e fazer previsões sobre seu impacto em outros sistemas sociais.

A teoria também se mostrará útil ao descrever a forma com que o Direito se desenvolve em diferentes áreas do meio ambiente social. Também pode ajudar a rastrear a relação entre o Direito e outros sistemas sociais e identificar as formas que esta relação assume. Teubner, Jessop e Baecker, por exemplo, analisaram as atividades regulatórias da política, administração e comércio, enquanto Ladeur escreveu sobre lógica e racionalidade jurídica e Stichweh analisou a ciência moderna como um sistema autopoiético. Meu próprio trabalho com Christine Piper vem, espero eu, oferecendo novas perspectivas sobre a relação entre os sistemas jurídicos e a saúde infantil. Além disso, vários dos estudantes pesquisadores que trabalham com Günther Teubner no Instituto Universitário Europeu de Florença, têm aplicado – ou estão começando a aplicar – a teoria autopoiética para uma vasta gama de questões que envolvem a regulação jurídica da vida social e comercial. A autopoiese força os pesquisadores a se concentrar simultaneamente em três áreas: as operações internas de diferentes sistemas, as interfaces entre esses sistemas e os diferentes mundos sociais de sentido que cada um constrói. Pode, assim, funcionar como uma força libertadora, não só a partir do estreito paradigma jurídico da "letra crua da lei", que aceita como não-problemática a realidade social construída pelo Direito, mas também de algumas limitações e esforços mal orientados decorrentes do *direito-em-contexto* e dos paradigmas *sociojurídicos*. O primeiro tende a concentrar a atenção quase totalmente nas formas pelas quais os problemas do mundo social (construído pelos cientistas sociais) são regulamentados pelo Direito, enquanto o último avalia as operações do Direito de acordo com critérios externos provenientes de expectativas sociais científicas.

2.2.5.4. Teoria autopoiética e poder

Alguns críticos da autopoiese rejeitam a teoria com base na ideia de que lhe falta um conceito de poder e, por conseguinte, não pode ser levada a sério. Adicionam a isso a acusação de que os que acham a teoria útil são culpados de conservadorismo por tomarem o lado do status quo contra quaisquer tentativas de se usar o Direito para criar uma sociedade mais justa e igualitária.

O problema com esse tipo de crítica é que muitas vezes ela vem de pessoas que só reconhecem as relações de poder quando indivíduos ou grupos de indivíduos usam a sua superioridade física, política, força econômica para oprimir outros de uma diferente classe, raça, sexo, idade, ou a eles mesmos. Esse tipo de análise segue teorias marxistas eis que seu conceito de operação de poder é restrita à imposição direta, ao estilo das uma-ou-duas-dimensões de Lukes e não leva em conta sua imposição mais indireta. Adicione-se a isso o desafio que a autopoiese apresenta com sua insistência em concentrar a atenção no nível dos sistemas sociais de sentido, em vez de indivíduos ou grupos, e não é difícil ver por que aqueles que se vêem como críticos radicais rapidamente rotulam a teoria como conservadora ou positivista.

A autopoiese, no entanto, lida com o poder de pelo menos três maneiras diferentes. Luhmann, para começar, vê o poder de modo geral como um medium, juntamente com dinheiro, amor e verdade, que produz a motivação para aceitar uma proposição. Em organizações formais, podem ser combinados com o código binário legal/ilegal para proporcionar a ameaça de sanções negativas, através da imposição de poder legítimo. Quando as organizações formais recorreram à violência, segundo Luhmann, elas efetivamente destroem o meio ou mecanismo de poder. O uso mais eficaz do poder, portanto, consiste na ameaça de sanções negativas que são raramente ou nunca exercidas.

Em segundo lugar, a relação entre os sistemas sociais de sentido não é necessariamente de igualdade. Embora seja teoricamente possível para cada sistema social reconstruir todos os outros sistemas de acordo com seus próprios procedimentos e atribuir àquele sistema seu próprio sentido, os sistemas que são amplamente aceitos como definidores de sentido para toda a sociedade estão numa posição muito mais poderosa do que outros.

A interferência entre os sistemas que as perturbações produzem e o consequente acoplamento estrutural raramente são uma relação de igualdade. Nesse sentido, portanto, é possível falar "da escravização" do conhecimento de um sistema de sentido por outro. Nas sociedades ocidentais pós-industriais, os sistemas indiscutivelmente mais preponderantes são a economia, a política, a ciência e o Direito. Evidentemente, ao passo que o conhecimento desses sistemas preponderantes pode reconstruir outros, menos preponderantes, "escravização" aqui não significa dominação total. É sempre possível para os sistemas menos preponderantes insistir em suas próprias autoconstruções e, de fato, reconstruir bem sucedidos sistemas de sentido de acordo com os seus procedimentos suas versões de realidade próprios. O problema que esses sistemas mais fracos encaram, porém, é convencer a sociedade, o mundo das comunicações sociais a aceitar suas versões de realidade em detrimento daquelas do sistema mais preponderante.

Um terceiro aspecto do poder na teoria autopoiética se refere a como diferentes sistemas reconstroem o ambiente social de maneira a permitir que o sistema se reproduza. A maneira como o Direito constrói as pessoas como artefatos semânticos do sistema jurídico se aproxima da ideia de "pessoas jurídicas fictícias", identificadas por McKinnon e outras escritoras feministas. Dizer que a linguagem do Direito formal tende a refletir as relações de poder existentes no ambiente social é talvez tão evidente que nem se precise afirmá-lo, mas o que a teoria autopoiética acrescenta a essa "verdade" é a previsão de que as construções do ambiente social do direito só se alterarão na medida em que tais mudanças ampliem o interesse do sistema jurídico formal em sua própria reprodução. Não é realista, portanto, esperar que o Direito construa um mundo social que agrida as relações de força reconhecidas e aceitas pelos sistemas de sentido da economia, política e ciência, pois, fazendo isso, teria reduzida sua própria influência e sua própria capacidade de reprodução.

Isto é muito diferente de afirmar que o Direito nunca muda ou nunca muda na direção pretendida pelos candidatos a reformadores. É necessário traçar uma distinção entre a letra da lei e do ambiente social construído pelo Direito. As alterações na letra da lei que parecem favorecer certos grupos sociais também podem reforçar uma determinada imagem dos membros daquele grupo. Faz tempo que este paradoxo foi reconhecido por acadêmicas feministas em suas análises do papel protetor do direito aos interesses das mulheres, mas o escopo dos construtos de realidade da lei se estendem não só às mulheres, mas a todos os indivíduos e grupos que fazem sua aparição no palco da realidade jurídica formal. São esses construtos de realidade, e não a letra da lei que são impermeáveis a influências extrajurídicas. Nas sociedades pluralistas modernas em que realidades sociais tendem a ser ferozmente disputadas, não é de surpreender que os sistemas jurídicos formais, com o seu ostensivo interesse em manter sua credibilidade e capacidade reprodutiva próprias, fossem tão resistentes à rápida aceitação de novas versões da realidade. Dada a complexidade das questões e a natureza efêmera das forças sociais, também não deveria surpreender que mudanças nas construções de realidade do Direito fossem tão difíceis de prever a partir de estudos do sistema jurídico operante ou das características mensuráveis do ambiente social. Com efeito, como já vimos, as teorias autopoiéticas negam a possibilidade de todas as previsões, salvo as mais gerais.

Por último, na sua aplicação a situações de desequilíbrio político e econômico, a teoria autopoiética pode de algum modo explicar o paradoxo do Estado de Direito, identificado por alguns escritores marxistas. Vê-se a classe dominante como virando as costas a seus próprios interesses quando concede direitos e lucros aos grupos sociais de menor poder. A explicação habitual desse fenômeno paradoxal é a de que o Direito como o vigarista dá a impressão de estar colocando uma arma poderosa nas mãos dos impotentes, enquanto o tempo todo mantém o "poder real" nas mãos da classe dominante. A teoria autopoiética concordaria com E. P. Thompson de que esta análise não explica adequadamente a aparente independência entre legalidade formal e os interesses políticos e econômicos. Apenas quando se admite uma certa noção de fechamento do direito moderno e de auto-referência com a possibilidade de reprodução dos próprios elementos, livre de forças externas, esses paradoxos desaparecem.

2.2.6. Parábola de conclusão

A autopoiese, revelou-se um conceito exasperante para juristas e estudiosos sociojurídicos, pois, como todos os novos paradigmas, fracassa de maneira retumbante ao responder às perguntas que ocupam seus pensamentos e escritos e que fazem a vida acadêmica interessante e gratificante dentro de sua sabedoria normal. Tudo que a autopoiese faz é lhes dizer que as perguntas que estão fazendo não são as únicas. "Ah não", respondem eles, "se você quiser que nós o levemos a sério é preciso nos provar que você pode responder às nossas perguntas. Você deve nos dizer se as leis são justas ou injustas e como podemos torná-las mais justas. Você deve mostrar que suas hipóteses podem ser refutadas. Você deve nos explicar tudo acerca do poder e como ele se exerce para perpetuar a hegemonia do Estado. Você deve nos dizer como prever os efeitos da legislação e sobre como saber de antemão a forma como o tribunal irá decidir cada caso."

Mas por que *estas* perguntas? pergunta autopoiese.
Porque eles são as únicas questões válidas para os juristas eles respondem.
Mas como você sabe se elas são as perguntas corretas?
Nós sabemos.
Mas como é que você sabe que você sabe?
Porque nós sabemos.
Aha" diz a autopoiese com um irônico sorriso.

3. Autopoiese e direito: auto-observações e observações de segundo grau

Germano Schwartz

3.1. O outro na teoria dos sistemas sociais autopoiéticos: Direitos fundamentais e Rio de Janeiro

3.1.1. João Hélio

A morte do menino João Hélio causou repercussão social das mais severas no Brasil. O fato ocorreu no início de 2007, na cidade do Rio de Janeiro, ponto turístico brasileiro por excelência. A criança foi vítima de um crime classificado brutal pelos atores sociais. Segundo narrativa publicada no jornal "O Estadão",[1] a ação criminosa ter-se-ia desenrolado da seguinte maneira:

> O crime chocou o País. João, de 6 anos, estava no banco de trás do Corsa de sua mãe, Rosa Cristina Fernandes, junto com a irmã, Aline, de 13 anos, quando a família foi abordada num sinal de trânsito por dois rapazes, na rua João Vicente, zona norte do Rio. Eles os ameaçaram com uma arma – depois, concluiu-se que era de brinquedo. Aline deixou o carro, assim como Rosa, que tentou tirar João do cinto para ajudá-lo a sair. Mas os assaltantes arrancaram antes, e o menino ficou pendurado do lado de fora, preso ao cinto. Os bandidos rodaram por cerca de sete quilômetros e chegaram a correr em ziguezague para se livrar do corpo do menino. Vários motoristas tentaram alertá-los e pediram que eles parassem o carro, mas os bandidos ignoraram os apelos.

---

[1] Disponível em: http://www.estadao.com.br/ultimas/cidades/noticias/2007/fev/09/40. htm.

O crime fez com que a sociedade procurasse as alternativas tradicionais de resolução de conflitos, ao contrário da narrativa proporcionada por Ost,[2] na Bélgica. Ali, os atores sociais belgas se moveram em função do aparecimento dos corpos sem vidas das meninas Julie e Melissa, desaparecidas há mais de um ano. O caso se tornou um sismo social que mereceu uma reação reflexiva dos componentes daquele país.

No entanto, no Brasil, o tema do sistema jurídico como construtor de uma conexão com o futuro,[3] de uma perspectiva social inovadora baseada em um evento relevante, foi tratado com o "mais do mesmo". Propostas de mudanças legislativas tais como a implantação da redução da maioridade penal[4] e a implantação da pena de morte são, atualmente, as respostas pensadas para a transformação da realidade carioca, que, sublinhe-se, reproduz-se, em outros níveis, no restante do Brasil.

De fato, no Rio de Janeiro, a Cidade Maravilhosa, encontra-se o espelho de uma cultura jurídica bastante enraizada na identidade, no *ethos*, de todo o brasileiro. Existe um direito oficial, válido e vigente para determinado corpo social. Há, por outro lado, um direito não-oficial, também válido e vigente, porém para os excluídos, ou, em linguagem luhmanniana, para a periferia do sistema social, local em que as decisões do centro chegam somente de forma reflexa.

Dessa maneira, João Hélio é, no plano simbólico, uma bandeira para a camada social estratificada em um núcleo de proteção que não mais se encontra isolado do próprio sistema social. Com isso, passa-se a pensar em heteropoiese do Direito. Sistemas que não se comunicam, cada qual com sua própria racionalidade jurídica. Um, aplicado para a parcela da população brasileira que usufrui do discurso jurídico e outro, destinado aos outros, ou caso se queira adaptar a ideia de Jakobs, aos inimigos.[5]

---

[2] OST, François. *O Tempo do Direito*. Lisboa: Piaget, 1999, p. 47 e seguintes.

[3] A respeito, consulte-se: ROCHA, L; SCHWARTZ, G; CLAM, J. *Introdução à Teoria dos Sistema Autopoiético do Direito*. Porto Alegre: Livraria do Advogado, 2005.

[4] Um dos criminosos é considerado inimputável pela legislação brasileira por não ser capaz de discernir a potencial consciência da ilicitude de seu ato.

[5] Uma severa crítica ao denominado Direito Penal do Inimigo pode ser encontrada em NAVARRO, Evaristo Prieto. La Teoria de Sistemas y el Problema del Control de la Conducta. Perspectivas e Imposibilidades para la Dogmática Penal. In: DÍEZ, Carlos Gómez-Jara (Ed.) *Teoría de Sistemas y Derecho Penal. Fundamentos y Posibilidades de Aplicación*. Granada: Editorial Comares, 2005,p. 295-340.

3.1.2. Pasárgada

O tema é novo no Brasil? Desde quando se pode afirmar a existência de um direito oficial e de um direito não oficial em *terra brasilis*? Para os brasileiros essa é uma realidade, algo com que se convive naturalmente. Contudo, como primeiro grande estudo a respeito dessa diferenciação, pode-se citar o trabalho de Boaventura de Sousa Santos.[6]

Na Pasárgada[7] do autor, é verificada uma situação comum na sociedade brasileira. A partir de uma determinada época, no caso, o início dos anos 30 do século passado, a população carente passa a ocupar áreas ilegais e ali construir suas residências que são obviamente ilegais, inclusive por violarem os dispositivos pertinentes para sua construção.

Ato contínuo, os excluídos de Pasárgada possuem um cotidiano duro. Não possuem abastecimento de água, inexiste eletricidade e, muito menos, pavimentação. Como essas pessoas são marginalizadas justamente por viverem às margens da oficialidade estatal, a reação da sociedade que se encontra sob o amparo do direito oficial é o de aceitar o que ali ocorre desde que esse fenômeno não se reproduza em seu próprio ambiente.

Essa atitude dos "outros" determina a ação a ser tomada pelos residentes em Pasárgada. Como não podem se socorrer do direito estatal, cuja resposta oficial seria a remoção dos habitantes de Pasárgada, eles passam a se organizar e a procurar a maximização do desenvolvimento interno daquela sociedade. Estabeleceu-se, assim, uma teia bastante complexa de relações sociais. Um dos resultados é o que Boaventura denomina é a percepção, a partir de certos *topoi,* da "lei do asfalto" em contraposição ao que se pode denominar de "lei dos morros".

A "lei do asfalto" é o direito dos "outros", a reprodução de um discurso jurídico tendente a proteger um Poder que os moradores de Pasárgada não enxergam, mas que conhecem faticamente, pois ele os exclui e os impossibilita de entrarem nos processos decisionais que os influenciam.

---

[6] SOUSA SANTOS, Boaventura de. *O Discurso e o Poder. Ensaio sobre a Sociologia da Retórica Jurídica.* 2ª reimpressão. Porto Alegre: SAFE, 1988.

[7] Trata-se da Favela do Jacarezinho, localizada nos morros da cidade do Rio de Janeiro.

Por outro lado, o direito de Pasárgada possui uma racionalidade jurídica que lhes é bastante conhecida. Por intermédio de organizações de moradores, tomam-se decisões consensuais, baseadas em negociação e mediação. Os presidentes dessas associações ocupam um papel importante, reservado àqueles que possuem uma grande sabedoria acerca da sociedade em que restam incluídos.

Mesmo nos momentos de grande acirramento de disputas internas, não se discute a legitimidade da decisão tomada ou daquele que a tomou. Ela é seguida. Alguns elementos do direito oficial são transplantados para dentro de Pasárgada. Todavia, eles são adaptados de acordo com a internalidade específica da racionalidade jurídica daquele espaço social.

Com isso, Pasárgada progrediu com um direito paralelo à "lei do asfalto". De fato, possui, hoje, cerca de 36.000 habitantes.[8] Trata-se, todavia, de um lugar em que a renda *per capita* não chega a 100 dólares mensais e que possui a terceira maior parcela de miseráveis na cidade do Rio de Janeiro. Incluam-se aí, ainda, condições de higiene básica altamente reprováveis, como, por exemplo, o acesso dificultado à água potável. Logo, enfermidades relativas à saúde primária são, ali, fato comum. No asfalto, entretanto, raramente ocorrem.

O modelo de Pasárgada pode, hoje, ser encontrado, com as devidas adaptações, em quase todas as grandes cidades brasileiras. Poder-se-ia, sem qualquer risco maior, denominar Pasárgada de Restinga (Porto Alegre), de Vila Nova Jaguaré (São Paulo), de Morro do Papagaio (Belo Horizonte) e de Vila Zumbi (Curitiba). Os nomes variam. As reproduções sociais, de outra banda, mantêm-se.

Importante afirmar, também, que, paradoxalmente, o direito de Pasárgada é, para os que vivem no direito oficial, um direito dos "outros". Evidente, assim, a existência de dois sistemas jurídicos que não se comunicam. Essa incomunicabilidade foi a base, durante décadas, da manutenção da ordem social no Rio de Janeiro.

Como se verifica a partir do exemplo de João Hélio, a heteropoiese do direito oficial em relação à "lei do asfalto" é uma realidade falida. A questão, no Brasil, se põe da seguinte maneira: e

---

[8] Dados encontrados em www.fgv.br/cps (Acessado em 31/03/2007).

quando a "lei do asfalto" passa a se comunicar com o direito de Pasárgada? O que fazer? Tratar como um "outro" ou como parte de um sistema social que se auto-reproduz a partir de suas próprias referências?

A proposta é, com base na teoria dos sistemas sociais autopoiéticos, permitir uma nova forma de observação desse fenômeno. A necessária comunicação entre os subsistemas sociais possibilita respostas diferentes em uma sociedade altamente diferenciada, periférica e de terceiro mundo (Brasil).

3.1.3. A Autopoiese do Direito

Como um subsistema funcional da sociedade,[9] o Direito também é compreendido como um sistema autopoiético.[10] Nesse sentido, a autopoiese do sistema jurídico é uma continuação da autopoiese da sociedade. No entanto, é necessário que o sistema jurídico demarque sua própria *autopoiesis* a partir da distinção entre sua unidade e o entorno,[11] formando sua diferenciação funcional. Ele deve ser capaz de traçar seus limites, visto que somente como sistema vai adquirir sentido, uma vez que o entorno é pura complexidade.

Nesse sentido, Teubner[12] defende que um subsistema funcionalmente diferenciado, ou em suas palavras, um sistema de segunda ordem, somente pode-se desenvolver quando produz seus próprios elementos por si mesmo e de forma exclusiva. Mediante a repetição de seu elemento básico – a decisão – o Direito pode produzir diferença e (re)iniciar sua própria *autopoiesis*. É o próprio Direito que define suas premissas de validade por intermédio de uma norma

---

[9] LUHMANN, Niklas. Closure and Openness: on reality in the world of law. In: TEUBNER, Gunther (Ed.) *Autopoietic Law: a new approach to law and society*. Berlin: New York: Walter de Gruyter, 1988(a). p. 340: "The legal system is a subsystem of the social system."

[10] TEUBNER, Gunther. Evolution of Autopoietc Law. In: —— (Ed.) *Autopoietic Law: a new approach to law and society*. Berlin: New York: Walter de Gruyter, 1988(a), p. 221.: "In this respect i am following Luhmann's highly sophisticated attempt to conceptualize societies as autopoietically organized systems of communication (Luhmann, 1984 b) and pose the question wich follows from this idea: weter one can consider the differerentiated functional system of law as being autopoietcially organized within the autopoietic system of society."

[11] LUHMANN, op. cit., p. 335: "A system can reproduce itself only in an environment."

[12] TEUBNER, Evolution of Autopoietic Law, 1988, p. 221

jurídica[13] e das decisões judiciais.[14] Tal é o início do movimento autopoiético do sistema jurídico que se descortina em sua autorreferencialidade.[15]

No entanto, a autorreferência não se confunde com sua *self-constitution*. A autocriação do sistema jurídico emerge quando ele constitui, por si próprio (autorreferência), novos elementos diferenciados dos demais subsistemas sociais.

Nesse sentido, a positividade do Direito exige que ele seja variável. Somente com o pressuposto da variabilidade do Direito é que se pode responder à questão de como se pode formar um sistema autopoiético-jurídico.[16] Ora, o Direito vigente produz frustrações. No entanto, elas devem ser continuamente reprocessadas no seio das decisões jurídicas e então serem absorvidas para servirem de base à mudança do Direito. Assim, forma-se o sistema do Direito de forma autopoiética. Fechado em seu interior, mas aberto ao entorno. Sua evolução reside na interação de sua parte endógena, absorvida pelo exógeno social.

Desse modo, o Direito se torna autopoiético quando suas autodescrições permitem desenvolver e aplicar uma teoria de fontes jurídicas no contexto da qual as normas possam ser geradas através de precedentes jurisprudenciais ou outros processos de criação jurídica endógena.[17] É na mera produção de elementos próprios do Direito que reside seu caráter autopoiético. Tudo isto tendo como

---

[13] Essa idéia não é novidade no Direito. Veja-se a idéia das normas primárias e secundárias de Hart, por exemplo. São um exemplo claro de autocriação. Veja-se especialmente o capítulo VII (A textura aberta do Direito), de HART, Herbert L. A. *O Conceito de Direito*. Lisboa: Fundação Calouste Gulbenkian, 1994. 348p.

[14] TEUBNER, Evolution of Autopoietic Law, 1988, p. 222: "It is the legal system and not its political, economic and social environment that defines the premises for the validity of a legal act, or a legal rule. The law regulates its own operations, structures, processes, boundaries, and idendity reflexively."

[15] Para Teubner a *autopoiesis* emerge quando os componentes cíclico-recursivos constituem-se em generalizações congruentes, restam de tal forma conectados que vêm a formar um *hiperciclo*. Esse hiperciclo é o resultado da auto-reprodução circular do ato-norma-ato. Para maiores detalhes a respeito do hiperciclo ver Ibidem, p. 223

[16] Cf. LUHMANN, Niklas. Le Droit Comme Système Social. *Droit et Société*, Paris, n. 11-12, 1989, p. 61.

[17] TEUBNER, Gunther. *O Direito como Sistema Autopoiético*. Lisboa: Calouste Gulbenkian, 1989, p. 85.

base a auto-observação, a autoconstituição e a autorreprodução do sistema.[18]

O sistema jurídico autopoiético é, portanto, um sistema observável, um sistema ativo de observação, consistente na possibilidade de o próprio Direito ser observado por um observador. É um sistema autorreferente no modo de observar a realidade. Suas normas são derivadas de outras normas, e suas decisões ou se socorrem de suas próprias decisões ou se socorrem das próprias normas.

Por outro lado, a unidade de um sistema é dada pelo fato de que sua autonomia evidencia-se no marco de que suas operações recursivas partem de suas próprias operações, de seus próprios elementos e estruturas.[19] Com isso, o sistema consegue controlar o entorno, outrora inacessível para ele.

Teubner[20] explicita e diz que a autorreprodução do Direito somente ocorre quando as normas jurídicas perpassam atos judiciais (decisões) e vice-versa, ou ainda, quando as normas procedimentais e a doutrina se imbricam mutuamente. Mas, a ideia continua a mesma. A recursividade hermética do sistema jurídico é pressuposto para sua *autopoiesis*. Resta claro, portanto, que na autopoiese do Direito, a jurisdição passa a ter papel fundamental, uma vez que ela pressupõe medidas judiciais coercitivas.[21]

No entanto, o sistema jurídico possui outros subcódigos que se derivam daquele primeiro e que o auxiliam a continuar a produzir a unidade mediante a diferença. São eles:

a) legislação/jurisprudência;

b) codificação binária/programação;

c) normas Jurídicas/normas Positivas;

d) jurídico/antijurídico.

---

[18] Como defende Ibidem, p. 70.

[19] LUHMANN, Closure and Openness..., 1988, p. 337: "The concept of autopoietic closure therefore initially states only that the recursive application of its own operations ins an indispensable aspect of system's reproductions. This defines the unity and autonomy of the system."

[20] TEUBNER, Evolution of Autopoietic Law, 1988, p. 224.

[21] A ideia de legislação/jurisprudência, mais adiante aprofundada, é fundamental para o entendimento da teoria jurídica em Luhmann. Basta observar sua seguinte afirmação: "L'autopoièse du droit, la production du droit par le droit, doit déjà être possible pour que l'institution centrale qu'est une juridiction ayant un pouvoir de décision obligatoire qui la rend possible, soit elle-même possible". LUHMANN, Le Droit Comme Système Social, 1989, p. 62.

Toda operação do sistema jurídico parte da anterior (lei ou jurisprudência),criando-se condições para a operação seguinte. Com isso, conserva-se a exclusividade do sistema mediante uma recursividade que lhe é interna e exclusiva. Assim, ocorrem interferências econômicas, políticas, morais, entre outras. Porém, elas somente afetam o Direito à medida que sua estrutura pode tolerar.[22] Significa, por exemplo, *que a economia, enquanto forma de pagamento em dinheiro, não entra no Direito, mas é "decodificada" juridicamente em legal ou ilegal.*[23]

O sistema passa a ser operativamente fechado e cognitivamente[24] aberto ao entorno. No caso de uma norma penal, por exemplo, é fácil perceber o ponto de abertura do sistema. No caso do artigo 121 do Código Penal Brasileiro,[25] a descrição típica refere a matar alguém (João Hélio). A abertura reside na pergunta: terá A matado X? O sistema processa informações mediante o código Recht/Unrecht, modificando seu interior, dando continuidade à sua autopoiese.

O sistema jurídico, portanto, tem sua autonomia dada não por sua autorregulação ou autocriação. Ele consegue autonomia a partir do estabelecimento de seu próprio código, universalmente aplicado a partir de sua própria e peculiar especificidade. É mediante o código que o sistema jurídico se estabelece como um subsistema funcionalmente diferenciado do sistema social,[26] dele se isolando, mas, ao mesmo tempo, permanecendo em contato com ele e todos os seus

---

[22] O Direito sofre várias influências "pero los efectos estructurales se hacen notar sobre todo en el tipo de roles con los que el sistema jurídico se estimula a si mismo." LUHMANN, Nilas. Poder, Política y Derecho. *Metapolítica*, vol. 5, n. 20, México: DF, 2001. p. 10.

[23] NICOLA, Daniela Ribeiro Mendes. Estrutura e Função do Direito na Teoria da Sociedade de Luhmann. In: ROCHA, Leonel Severo (Org.). *Paradoxos da Auto-Observação: percursos da teoria jurídica contemporânea.* Curitiba: JM Editora, 1997, p. 228.

[24] Dizem ARNAUD, A.-J; DULCE, M.J.F. *Introdução à Análise Sociológica dos Sistemas Jurídicos.* Rio de Janeiro: Renovar, 2000, p. 168: "Deve-se considerar que a relação que o sistema jurídico mantém com o extrajurídico não é uma relação normativa, mas, nesse caso, uma relação "cognitiva" ("abertura cognitiva do sistema"), porque se trata de um processo auto-regulado (regulado do interior). Isso significa que, na comunicação, a informação ou os "estímulos" externos são transformados pelo sistema, ao longo do processo auto-referencial."

[25] Esse é o exemplo trazido por NICOLA, op. cit., p. 235.

[26] Nesse sentido observa HESPANHA, Benedito. A Autopoiese na Construção do Jurídico e do Político de um Sistema Constitucional. *Cadernos de Direito Constitucional e Ciência Política.* São Paulo. n. 28 – julho/setembro, 1999. p.68: "O Direito constitui um sistema que se ordena em clausura comunicativa; não há Direito fora do Direito; as normas jurídicas não podem ser válidas como Direito fora do próprio Direito (Teubner, 1989). As normas *extrajurídicas* somente se adquirem validade no sistema jurídico após sua qualificação pelo código interno das comunicações jurídicas."

subsistemas. Logo, o sistema jurídico somente terá sua autonomia afetada quando o seu código estiver em perigo.[27] Ou seja, quando começar a tomar decisões com base em códigos de outros subsistemas.

Na esteira do raciocínio expendido, pode-se afirmar que o Direito como sistema autopoiético se funda em sua circularidade,[28] e não mais em sua hierarquia. Deve-se, ao mesmo tempo, analisar sua estrutura interna e suas relações com o exterior, de tal forma que o Direito possa ser visto sob a metáfora de Teubner[29] – como uma dança sem fim de correlações internas em uma rede fechada de elementos interacionais.

A circularidade do Direito se baseia, como quer Teubner,[30] na relação circular entre os atos legais (decisões) e as normas jurídicas. Assim, se a circularidade das decisões judiciais constitui-se na autopoiese jurídica, tem-se, novamente, que o sistema deve ser fechado. A clausura do Direito protege sua grande função: a decisão..

Para Luhmann, o Direito está voltado para seu entorno contingencial também porque a recusa em não julgar é proibida.[31] Toda norma só é norma porque a expectativa comportamental pode ser

---

[27] LUHMANN, Evolution of Autopoietic Law, 1988, p. 338: "The law as autonomy is in danger only when the code itself is in danger – for instance when decision are taken in the legal system itsel increasingly according to the difference between beneficial and harmful rather than the difference between legal and illegal."

[28] Assim como Luhmann, também François Ost defende que o sistema jurídico deve ser concebido de forma circular. Nele, segundo o autor, há *loopings* que interagem com todos os outros sistemas, naquilo que o referido autor chama de o jogo do Direito. Diz ele: "Hay pues, en el sentido fuerte del término "juego" Del Derecho. Este sentido fuerte es un sentido neutro o medio: como se habla del "juego" delas olas o del "juego" de las luces; hay uma espécie de movimento endógeno del Derecho, de producción interna, no como deseo de no se sabe qué orden jurídico hipostático, sino como proceso colectivo, ininterrumpido y multidireccional de circulación del logos jurídico". OST , François. Júpiter, Hercules, Hermes: tres modelos de juez. *Doxa*, n. 14, 1993, p. 182. Na linha de Ost, por exemplo, explica FALCÓN Y TELLA, María José. *The Validity of Law: concept and foundation.* Porto Alegre: Ricardo Lenz Editor, 2000, p. 207, que o julgamento é uma evolução da interatividade circular do julgamento de validade de uma norma Também da circularidade nasce a idéia do hiperciclo teubneriano. Diz o autor: "O Direito constitui um sistema autopoiético de segundo grau, autonomizando-se em face da sociedade, enquanto sistema autopoiético de primeiro grau, graças à constituição autoreferencial dos seus próprios componentes sistêmicos e à articulação destes num hiperciclo". TEUBNER, 1989, p. 53.

[29] TEUBNER, Gunther. Introduction to Autopoietic Law. In:—— (Ed.) *Autopoietic Law: a new approach to law and society.* Berlin: New York: Walter de Gruyter, 1988(b). p. 1.

[30] TEUBNER, Introduction to Autopoietic Law, 1988, p. 4.

[31] Veja-se, por exemplo, o artigo 126 do Código de ProcessoCivil Brasileiro: "O juiz não se exime de sentenciar ou despachar alegando lacuna ou obscuridade da lei. No julgamento da

diversa daquela prevista. O Direito é fechado porque necessita reproduzir suas operações. Todavia, quando possui o programa específico, ele se abre para o mundo externo amealhando essa comunicação mediante seu código (Recht/Unrecht) e, a partir daí, retoma sua recursividade. No sistema brasileiro, o artigo 4 da Lei de Introdução ao Código Civil[32] é exemplar nesse sentido. É uma norma jurídica que autoriza a abertura do sistema, mas que, em seguida à abertura, traz para si, dita comunicação, desta vez já sob o amparo de seu código específico.

No entanto, paradoxalmente, a ideia de circularidade, que pressupõe clausura interna, está diretamente ligada à ideia de abertura. Em verdade, a abertura de um sistema se apoia em sua clausura.[33] Quanto mais enclausurado for um sistema, mais ele possui capacidades de se autocriar a partir de seus próprios elementos e sem esquecer as influências advindas do entorno.[34] Isso ocorre no momento do acoplamento estrutural entre os sistemas. No caso em tela, no momento em que o direito de Pasárgada e João Hélio se cruzam.

3.1.4. João Hélio e Pasárgada: alteridade, cultura jurídica e direitos fundamentais. Uma questão de Autopoiese.

Os assassinos de João Hélio eram moradores de uma das Pasárgadas do Rio de Janeiro. Mesmo o crime tendo ocorrido na Zona Norte da cidade, identificada como de classe média baixa, não se pode deixar de inferir que não houve remorso por parte dos criminosos em relação à ação cometida. De fato, conforme amplamente noticiado pela mídia, nenhum dos dois agentes pensou ter cometido um ato bárbaro. A sociedade da "lei do asfalto" se escandalizou. Como isso era possível? De que forma se pode cometer um ato

---

lide caber-lhe-à aplicar as normas legais, não as havendo, recorrerá à analogia, aos costumes e aos princípios gerais de Direito."

[32] Diz o artigo: "Quando a lei for omissa, o juiz decidirá o caso de acordo com a analogia, os costumes e os princípios gerais de Direito."

[33] A respeito, defende MORIN, Edgar. *La Méthode – Vol. 1 – La Nature de la Nature.* Paris: Seuil, 1977, p. 197: "L'ouvert s'appuye sur le fermé".

[34] "The more the legal system gains in operational closure and autonomy, the more it gains in openness towards social facts, political demands, social science theories and human needs." TEUBNER, Introduction to Autopoietic Law, 1988. p.2.

de barbárie desse quilate e, psicologicamente, restar infenso às suas consequências?

A questão do *topoi* é bem-vinda. Para aquele que vive na periferia, ser vítima de crimes brutais e chocantes é algo que não escapa à sua rotina. Seu ponto de vista, culturalmente estimulado por anos, é o de que aqueles que vivem no asfalto são os beneficiários de um sistema social que os rejeita e cuja reflexividade lhe impõe um papel secundário, quase inexistente na teia de relações sociais.

Por outro lado, a observação do problema feita por um dos habitantes do asfalto é diversa. Para ele, aqueles que vivem na Pasárgada representam uma face indesejável de um sistema social que os inclui, onde ocupam papel de irradiadores de decisões que se autorregulam e se a autorreproduzem.

Os assassinos fazem parte do sistema social como uma forma de auto-reprodução dos modos e maneiras instalados nas comunicações entre seus subsistemas (Pasárgada e Asfalto). Significa, pois, que, antes de inimigos, ambos os polos são uma unidade de diferença. Tratar diferentemente, sem a devida concepção de autopoiese, pode estimular uma ausência de reconhecimento de identidades, e, portanto, do Outro, bastante indesejável.

Um dos grandes tópicos do pensamento luhmanniano é a assimilação e a procura pela diferença.[35] Antes do consenso, a criação paradoxal de um sistema em que se consiga a produção do diferente, do inesperado. A invasão da cultura jurídica de Pasárgada na lei do asfalto é um exemplo bem acabado de que a reflexividade começa a ocorrer de forma latente. Ocorre, assim, uma abertura cognitiva das mais interessantes. Ela não pode ser simplesmente renegada.

Está-se, assim, diante de um direito oficial que sofre influências de um direito não oficial, que, por seu turno, foi criado e evoluiu com base nas lições advindas do direito estatal. Essa dança interminável, em que não é possível definir onde se inicia ou em qual lugar há um fim dessas correlações, é denominada, por Luhmann, de autopoiese.

A questão, a partir disso, é determinar um novo sentido de compreensão, capaz de perceber as múltiplas e recíprocas influên-

---

[35] Veja-se, para tanto, LUHMANN, Niklas. *Das Recht der Gesselschaft*. Frankfurt: Suhrkamp, 1997, p. 124-164.

cias da lei do asfalto e da Pasárgada. Essa capacidade de autocriação a partir da abertura cognitiva somente é possível em términos de reflexividade, pois, *sólo ante la experiencia de la vivencia y de la acción de otros sistemas, se toma em consideración la forma particular de procesamiento de sentido llamada "comprensión"*.[36] Dito de outra forma: somente se pode compreender corretamente o caso João Hélio quando se experiencia o *topoi* do lado contrário, seja ele proveniente do asfalto, seja de Pasárgada.

É, portanto, uma questão de observância de alteridade a compreensão da existência de uma cultura jurídica impregnada de valores extrajurídicos que devem ser amealhados pelo sistema do Direito. Entender tal mecanismo proporcionaria uma reflexividade maior no sistema social. Novas respostas seriam demandadas. A abertura proporcionaria, junto com a clausura normativa, o desvelamento de algo que a sociedade brasileira percebeu há muito, mas que seu sistema jurídico insiste em não observar: a Pasárgada está aí. Ela deve fazer parte dos processos decisivos relativos ao sistema social no qual está inserida.[37]

Frente a isso, a construção de uma cultura jurídica, no Brasil, que possua uma identidade com os destinatários da norma deve ser observada no nível reflexivo da operatividade da distinção sistema x entorno. Como afirma Luhmann,, em tal nível, *el Sistema determina su propria identidad mediante la diferencia respecto de todo lo demás.*[38]

Nesse sentido, se Pasárgada é o entorno e o asfalto o sistema oficial, torna-se necessária uma relação de interdependência e de acoplamentos estruturais que possibilitem a formação da identidade do que se define como Direito no Brasil. Ocorre, todavia, que os únicos momentos em que os acoplamentos são factibilizados, acontecem quando do cometimento de crimes tais como o do menino João Hélio. Nessas oportunidades, há uma reação. Em outras, não. Tudo segue de forma estática e sem modificações.

---

[36] LUHMANN, Niklas. *Sistemas Sociales. Lineaminentos para una teoría general.* Barcelona: Anthropos; México: Universidad Iberoamericana; Santafé de Bogotá: CEJA, Pontifícia Universidad Javeriana, 1998, p. 89.

[37] Nessa linha de raciocínio, consulte-se YOUNG, Jock. *A Sociedade Excludente. Exclusão Social, Criminalidade e Diferença na Modernidade Recente.* Rio de Janeiro: Revan, 2002.

[38] LUHMANN, Niklas. *Sistemas Sociales*, 1998, p. 178.

Isso se deve ao não reconhecimento do outro na sociedade brasileira. Mas, alega-se, a teoria luhmanniana não se preocupa com o indivíduo e sua relação com a sociedade, colocando-o como um *outsider do sistema social*. Engano. Uma interessante correlação entre as ideias de Luhmann e de Lacan é feita por Jean Clam.[39] Com ela se torna viável esclarecer a temática do *alter* e do *ego* na teoria dos sistemas sociais autopoiéticos e sua influência na problemática Pasárgada x lei do asfalto

Para Clam, o ponto de conexão entre Lacan e Luhmann reside nas ideias deste sobre contingência e dupla contingência e daquele, a respeito da reciprocidade de sentimentos.

O mundo apresenta mais possibilidades do que o senso humano pode perceber. O mundo é complexo demais para sua capacidade sensitiva. A *contingência* reside no fato de que *as possibilidades apontadas para as demais experiências poderiam ser diferentes das esperadas.*[40] Disso se deduz que a contingência possui, intrínseca, a possibilidade de desapontamento. Exemplificando: duas pessoas estão prestes a se conhecer. Cada um determina suas condutas mediante observações recíprocas. A observa B e resolve comportar-se X. B observa e resolve comportar-se X (mas poderia se comportar Y). Por uma simples suposição, geram certeza de realidade (assim como poderiam ter gerado incerteza). Estabelecem seus limites a partir de si mesmos. E mediante as ações de um e de outro, podem estabelecer ações outras que levarão à ação de ambos (o casamento). A dupla contingência é, portanto, estabelecimento dos próprios limites em relação ao objeto a partir do próprio objeto, conseguindo-se expectativas razoavelmente seguras de um futuro em aberto.

Na proposta de Clam,[41] pode ser imaginada uma dupla contingência de intenções de sentido, no exato conceito teórico-sistêmico. Existe uma construção regressiva da comunicação, já que o *Ego* tem em mente a necessidade de entender o *Alter* como uma operação funcional avaliadora de seu êxito comunicacional.

---

[39] CLAM. Jean. Contingência, Dupla Contingência, o Outro e o Outro no Outro. Luhmann com Lacan, um Estímulo. In: ——. *Questões Fundamentais de uma Teoria da Sociedade. Contingência, Paradoxo. Só-Efetuação*. São Leopoldo: Unisinos, 2006, p 67-98.

[40] LUHMANN, *Sociologia do Direito I*. Rio de Janeiro: Tempo Brasileiro, 1983, p. 45.

[41] CLAM,. Contingência, Dupla Contingência..., 2006, p. 75.

Nessa linha de raciocínio, o que o *Ego* necessita para se identificar não reside somente em si mesmo. Ele está, também, em *Alter*. Esse processo de significação algumas vezes se desvia:

Ao perder o apoio de sua demanda (*demande*) – quando esta ingressa nas estreitezas da "parole" –, *Ego* ingressa numa reciprocidade de desejo com o Outro; pelo fato de a demanda de *Ego* ser a demanda pelo desejo de *Ego* através do Outro, a perda de acesso à cadeia dos significantes nada mais é que a *prodosis* da demanda de *Ego* à demanda de *Alter*, que justamente ocasiona a demanda de *Ego* e lhe confere forma e sentido.

No caso da Pasárgada e da lei do asfalto, percebe-se que essa relação não complementa sua circularidade. Não importa em qual pólo, *Ego* e *Alter*, no Brasil, na questão do sistema jurídico, restam afastados. Com isso, os diagnósticos de identidade mediante unidade de diferença ficam prejudicados.

Ademais, conforme relembra Clam,[42] a alta contingência das sociedades contemporâneas aumenta imensamente as intenções de sentido. Com isso, a dupla contingência atinge níveis nunca antes alcançados. Apresenta, assim, uma necessidade de aprendizagem, de abertura cognitiva, elevada. A evolução social depende da aceitação da *instância do outro como instância da lei*.[43]

O processo de cognição, necessariamente, na teoria de Luhmann, é aberto. No entanto, possui limites. De sentido. Eles são ofertados mediante a seleção forçada que cada sistema deve fazer para transladar ao seu interior os ruídos do entorno. Ou seja, a cognição possui limites fornecidos pelo código de cada subsistema social, que, no caso específico do Direito, é o *Recht/Unrecht*.

Se a lei do asfalto é o *Recht*, Pasárgada é o *Unrecht*, admitidos, ambos, como a totalidade de possibilidades contingencialmente judiciáveis (ato, norma, decisão). Em uma relação de reciprocidade, tanto a parte positiva quanto a negativa do código adquirem importância idêntica, já que a programação do *Recht* deve levar em consideração o *Unrecht*.

Assim, *o Outro é o lugar da coagulação do sentido. Ele não pode faltar em sua função*.[44] Dito de outra forma: é a Pasárgada que forne-

---

[42] CLAM,. Contingência, Dupla Contingência..., 2006, p. 85.

[43] Idem, p. 89.

[44] Idem, p. 95.

ce a compreensão da lei do asfalto. E é a lei do asfalto que fornece os significantes a Pasárgada. Dessa ativação de sentido, decorrerá a ação que conferirá a estabilidade facilitadora da aceitação da dupla contingência com algo razoável e psiquicamente aceito.

A negação da alteridade é, portanto, uma falha comunicacional que impede a autorreprodução (e a evolução) do sistema jurídico brasileiro e da cultura gerada em torno de si. Na hipótese de percepção de horizontes de sentido possíveis, advindos dessa miríade comunicacional, seria possível concordar com a seguinte afirmação de Teubner:[45]

> É na "lei do asfalto" das grandes cidades norte-americanas ou no "quase-direito" das favelas no Brasil, nas normas informais das culturas políticas alternativas... que se encontram todos os ingredientes da pós-modernidade: o local, o plural e o subversivo.

Esse é o Janus. Os dois lados da mesma moeda. Somente com isso, com a integração da comunicação sistêmica entre *Alter* e *Ego,* será possível, dentro da dicotomia Pasárgada x lei do asfalto, construir uma sociedade que respeite direitos fundamentais mínimos tais como a vida.

Proteger vidas retirando outras vidas (pena de morte) é heteropoiese, e, portanto, negação de uma lógica da vida. Mais: é repetição de passado. Em outras palavras: o problema do Brasil, e, portanto, de João Hélio e de Pasárgada, não é o isolamento heteropoiético. É questão de falta de autopoiese, típica de países inseridos na periferia do sistema social global.

3.2. Um admirável novo Direito: autopoiese, risco e altas tecnologias sanitárias.

3.2.1. Um velho Direito para um novo mundo: alfas, betas, gamas, deltas e ípsilons e a "segurança jurídica".

Na obra *Admirável Mundo Novo,*[46] de autoria de Aldous Huxley e editada pela primeira vez em 1932, descreve-se uma sociedade perfeita. Virtual. Nela alguns vícios típicos (família, sentimento, es-

---

[45] TEUBNER, Gunther. As Duas Faces de Janus: pluralismo jurídico na sociedade pós-moderna. In: ——. *Direito, Sistema e Policontexturalidade.* Piracicaba: Editora Unimep, 2005, p. 81.

[46] HUXLEY, Aldous. *Admirável Mundo Novo.* 2ªed. 9ª reimpressão. São Paulo: Globo, 2005.

piritualidade, velhice, etc.) restariam sanados. Superados. Isso teria sido mérito de avançadas tecnologias sanitárias que forneciam um controle social/estatal deveras eficiente.

Sem embargo, foi o avanço da complexidade na área da saúde que possibilitou a construção dessa sociedade quase perfeita. Técnicas como a reprodução da espécie em laboratórios, a classificação dos serem em castas, a preservação do corpo físico e a felicidade por intermédio de sedativos constituem-se na grande aquisição evolutiva da sociedade imaginada por Huxley.

O Centro de Incubação e Condicionamento de Londres Central é o responsável pela "fabricação" de seres humanos. Desde aí, exatamente como numa série de montagem fordista,[47] os homens seriam classificados em determinadas classes sociais: são os Alfas, Betas, Gamas, Deltas e Ípsilons.

O método utilizado para a consecução desse trabalho é denominado de Bokanovsky. Segundo Thomas, o Diretor de Incubação e Condicionamento,[48] um dos personagens da obra em análise, ele consistiria em *uma série de interrupções do desenvolvimento. Nós detemos o crescimento normal e, paradoxalmente, o ovo reage germinando em múltiplos brotos.*

É o ovo bokanovskizado. Dele seriam gerados homens e mulheres padronizados, em grupos uniformes. Todos passariam por um processo de condicionamento feito por uma técnica denominada hipnopedia. Seriam anos escutando e aprendendo lições de convivência em sociedade. Logo, não haveria questionamentos a respeito do cumprimento das leis. Elas seriam cumpridas. Com isso, haveria estabilidade social, que, segundo, o mesmo Diretor anteriormente citado, *é o segredo da felicidade e da virtude.*[49]

No entanto, a felicidade, obtida pelos meios de controle declinados, não se torna um valor universal. Nem todos são felizes com

---

[47] Uma das grandes características da obra é o uso do nome de figuras históricas (ex: Henry Ford) para denominar alguns personagens. Nesse sentido, Ford, é o substituto de Deus na hipotética sociedade de Huxley. É uma crítica metafórica ao mecanicismo seriado do modelo de organização em administração de empresas apregoado por Ford e largamente utilizado no sistema social desde então. Na versão inglesa o uso do trocadilho "Our Ford", por alguns personagens, em detrimento ao "Our Lord" (Nosso Deus) traduz o messianismo desse sistema.

[48] HUXLEY, *Admirável Mundo Novo,* 2005, p. 13.

[49] Idem, p. 24.

a estabilidade. Bernard Marx,[50] um Alfa-Mais, deseja liberdade. Sente-se escravizado pelo condicionamento. Vê-se como uma célula do corpo social, despido de individualidade. Recusa-se, pois, a seguir as leis impostas a todos.

Ao conhecer Lenina,[51] uma Beta-Mais, Bernard convida-a para uma viagem rumo à Reserva do Novo México, também chamada de Reserva de Selvagens. De fato, tratar-se-ia de um espaço inatingido pela bokanovskização (civilização). Ali, as pessoas, normalmente índios e mestiços, conservavam costumes atrasados como o casamento e o Cristianismo. Línguas extintas seriam faladas (espanhol). A convivência com animais ferozes e doenças contágios era algo normal.[52]

A Reserva seria, portanto, um espaço de diferença. Nesse local, a segurança tida como virtude pela civilização dá vazão a uma outra concepção: o risco. As pessoas convivem com as contingências sociais e nem por isso se julgam mais felizes ou mais tristes.

John, filho de Linda (habitante da Reserva) com Thomas (Diretor do Centro de Incubação e Condicionamento), é um dos personagens *outsiders*, tanto dentro da Reserva como fora dela. Ele deseja descobrir o que há fora dos limites em que foi criado. Ao mesmo tempo, possui uma cultura incomum, adquirida pelos ensinamentos da mãe, para os habitantes da Reserva.

Levado por Bernard ao *Admirável Mundo Novo,* John passa a ser conhecido como *O Selvagem*, visto que conhece obras (Shakeaspere) desconhecidas no mundo perfeito e possui crenças religiosas (Cristianismo) abolidas em nome da sociedade sem defeitos. Ao verificar que a realidade em que se encontra inserido é mantida por um sistema bastante acurado de supressão de direitos, o Selvagem entende, finalmente, que o *Mundo Novo* é artificial e sem alma. Tamanha segurança não faz parte de uma sociedade composta de homens, seres naturalmente falíveis.

Com a morte de sua mãe, o *Selvagem* se rebela. Assim, é levado a Mustafá, o Administrador. Ele diz a John que sua liberdade coloca

---

[50] HUXLEY, *Admirável Mundo Novo,* 2005, p. 111. Note-se, novamente, o uso alegórico e simbólico do nome do personagem.

[51] Veja-se, outra vez, a simbologia da feminilização do nome de Lênin. Ao se reunirem, portanto, Bernard e Lenina, juntam-se, metaforicamente, Lênin e Marx.

[52] Ibidem, p. 125.

em perigo a segurança social, ameaçando a estabilidade. O uso frequente de citações de Shakeaspere é um risco para a sociedade. Isso deve ser evitado, afinal arte e ciência, por exemplo, devem ser mantidos em níveis de expectativas bastante seguros para que a sociedade siga estável. John se suicida mediante enforcamento. A sociedade está segura; o risco, banido.

Um grande vício permanece subliminarmente na obra. Não foi sanado e é o cerne do presente ensaio. Todo o aparato construído no *Mundo Novo* leva em consideração uma necessária, imaginária e *admirável* "segurança jurídica". Será possível tal objetivo, ainda hoje, na sociedade contemporânea? Não seria melhor perscrutar as altas tecnologias sanitárias a partir de um elemento que possibilite o avanço sem o temor infundado a respeito do novo? Tendo-se como correta a segunda ideia, o risco assume tal posição no sistema social.

3.2.2. O mundo novo e o risco na sociedade contemporânea

A estabilidade da sociedade é um dos grandes temas do livro *Admirável Mundo Novo*. Nas linhas de Huxley, uma crítica metafórica severa ao consenso, a padronização de condutas conduzira à segurança social. O Direito de tal sociedade possuiria essa função. Com isso, haveria previsibilidade e eliminação de perigos desnecessários. A previsão do autor é confirmada no mundo de hoje? Esse questionamento é, aqui, analisado sob a perspectiva da obra em tela com base no método *Direito na Literatura* defendido pelo *Law & Literature Movement.*[53]

Para que se possa responder à questão é necessário o enfrentamento de uma descrição da sociedade contemporânea. Frise-se, contudo, a existência de uma séria discussão terminológica[54] sobre a denominação a ser utilizada para designar a sociedade atual. Atendo-se, precisamente, às suas características, e afastando-se desse debate, pode-se trilhar um percurso mais seguro em direção à descrição da sociedade hodierna.

---

[53] Para uma aprofundamento sobre o método de estudo das ciências jurídicas denominado *Direito na Literatura*, consulte-se SCHWARTZ, Germano André Doederlein. *A Constituição, a Literatura e o Direito.* Porto Alegre: Livraria do Advogado, 2006.

[54] Uma precisa narrativa dessa discussão é encontrada em COSTA, Renata Almeida da. *A Sociedade Complexa e o Crime Organizado: a contemporaneidade e o risco nas organizações criminosas.* Rio de Janeiro: Lumen Juris, 2004, p. 3-44.

Contrapondo-se à ideia de segurança, objetivo central do estabelecimento de determinada ordem jurídica em certo território (o *Admirável Mundo Novo)*, a sociedade atual tem como intrínseca a noção de insegurança.[55] De fato, pensar, por exemplo, que o Direito ainda é capaz de estabilizar todas as expectativas (normativas) nutridas pelos cidadãos em relação à Lei é, novamente, descompassar o tempo do Direito com o tempo da sociedade.[56] O sistema jurídico permanece, porém, e em qualquer hipótese, como instituição social. Cumpre referir, entretanto, que ele não consegue fornecer a mitológica segurança na sociedade hodierna, algo bem explicitado no caráter de John, *o Selvagem*. Sua função principal, para Luhmann,[57] é reduzir a insegurança a níveis socialmente aceitáveis.

Mas esse não é um fenômeno que pertença unicamente ao sistema jurídico. Enquanto inserto em um sistema social, o Direito inscreve-se em um ambiente que afeta e influencia tudo aquilo que se encontra dentro da sociedade (subsistemas). Dito de outra forma: o Direito é inseguro porque o sistema social, em seu ambiente, não possui segurança.

Pensar o Direito como algo absolutamente seguro somente seria possível a partir de uma ideia de sociedade de baixa complexidade – *Mundo Novo*. Nela, podem-se verificar papéis tradicionais bem delimitados (Alfas, Betas, Gamas, Deltas e Ípsilons) e instituições destinadas a perdurar no tempo. Daí a alta possibilidade de previsão e de determinação característica de uma forma societária que não subsiste.

O Direito do *Brave New World* é, de fato, um Direito ligado à noção tradicional de Estado (povo, território e governo). O monopólio da regulação jurídica estatal é a ideia-base do imaginário da segurança e da certeza. Esse ente se legitima porque produz normas jurídicas e vice-versa. O assim denominado normativismo, centrado nos estudos sobre o processo de produção e aplicação da norma jurídica, adquiriu *status* científico.[58] Com isso, seguiu-se uma separação

---

[55] Como afirma Idem, p. 23: "A incerteza é um dos principais marcos da contemporaneidade".

[56] Sobre a concepção de que o tempo do Direito é, atualmente, diferente do tempo social, veja-se OST, François. *O Tempo do Direito*. Lisboa: Piaget, 1999.

[57] LUHMANN, Niklas. Le Droit Comme Système Social. *Droit et Société*. Paris, n.11-12, 1989, p. 61.

[58] Veja-se a respeito KELSEN, Hans. *Teoria Pura do Direito*. São Paulo: Martins Fontes, 2000; KELSEN, Hans. *Teoria Geral das Normas*. Porto Alegre: SAFE, 1986; BOBBIO, Norberto. *Teoria do Ordenamento Jurídico*. Brasília: UnB, 1984.

indesejável – até mesmo para Kelsen – entre a aplicação do Direito e a sociedade.

Alie-se a isso o desejo de que as leis perdurassem em um lapso temporal bastante largo, afinal as mudanças sociais ocorriam de forma lenta. Arnaud[59] acrescenta que o Direito advindo da ideia tradicional de Estado tem como grandes características a simplicidade e a segurança. Em outras palavras: o Direito era simples porque a sociedade também o era. Todavia, o *Selvagem* trouxe novas contingências (cristianismo, Shakeaspere) que o sistema jurídico deveria abarcar. A partir daí o *Mundo Novo* passaria a ser questionado.

Dessa maneira, são acertadas as conclusões de De Giorgi,[60] ao concluir pela insubsistência da certeza e da simplicidade jurídicas na sociedade atual. Para o autor, o Direito assim pensado possui problemas que podem ser identificados em quatro tópicos:

1) Problemas na unidade do Direito. Tanto a filosofia analítica quanto a hermenêutica voltaram-se unicamente para a questão linguística do Direito. A clausura absoluta do sistema jurídico resulta na inexistência de uma variabilidade estrutural do Direito, uma vez que um sistema fechado não permite variação[61] interna;

2) Logo, a desejada normatividade especificamente jurídica torna-se impossível ante a necessária comunicação entre o Direito e os demais sistemas sociais;

3) Assim, resta uma abrupta separação entre Direito e Sociedade , que os desconecta e causa rupturas sensíveis entre as expectativas normativas e as decisões tomadas pelo sistema jurídico.

Por tudo isso, é que se pode compreender a atitude do *Selvagem,* que, em outras palavras, acreditava na diferença como unidade. A sociedade de hoje é hipercomplexa. Necessita, portanto, de uma outra forma de observação do sistema jurídico. Somente assim será possível uma descrição correta de seus fenômenos.

---

[59] ARNAUD, André-Jean. *O Direito entre Modernidade e Globalização: lições de Filosofia do Direito e do Estado.* Rio de Janeiro: Renovar, 1999. p. 203.

[60] DE GIORGI, Rafaelle. Luhmann e a Teoria Jurídica dos Anos 70. In: CAMPILONGO, Celso Fernandes. *O Direito na Sociedade Complexa.* São Paulo: Max Limonad, 2000, p. 183. et. seq.

[61] Com maiores detalhes, veja-se ROCHA, Leonel Severo. *Epistemologia Jurídica e Democracia.* São Leopoldo: Unisinos, 1999, p. 89-100.

Ela deve absorver influências externas, conectando-se com o sistema social. Elas podem vir até mesmo da Reserva. Ambos se recriam a partir de si próprios e da ligação existente entre si (autopoiese). É um risco, mas são partes de um sistema social que deve ser analisado como um todo a partir de suas próprias partes.[62]

3.2.3. Um novo Direito para um novo mundo: autopoiese e risco como pressupostos da unidade jurídica.

O método de estudo *Direito na* Literatura possui, entre outras, a vantagem de poder verificar, de acordo com Morawetz,[63] o uso simbólico do Direito, ou seja, sua expressão de sentido e as representações que uma sociedade exterioriza a respeito de suas normas jurídicas. Nessa linha de raciocínio, García Amado[64] sugere que o estudo do papel do Direito na literatura utópica tradicional e o exame das distopias nas quais, em sociedades mais avançadas, o Direito passa a ser substituído por técnicas de controle social menos generosas com a liberdade, é o caso vívido das obras de Huxley, a exemplo de *Admirável Mundo Novo.*

Dessa maneira, pode-se afirmar que o livro em análise é uma antecipação de um futuro temido. Uma descrição dada a partir de fatos passados com o objetivo de controle temporal da construção social. Assim como o sistema jurídico,[65] portanto, a Literatura procura antever, mediante descrições, uma realidade que se pretende erigir em níveis expectativos (cognitivos e normativos) razoáveis. Em se tratando, assim, de uma auto-observação dada com base no momento de sua observação, tem-se que risco, insegurança e abandono das certezas também são características da literatura moderna – na qual Huxley é encaixado.

---

[62] Cf. CAPRA, Fritjof. *A Teia da Vida: uma nova compreensão científica dos sistemas vivos.* São Paulo: Cultrix, 1996, p. 15-20.

[63] MORAWETZ, Thomas. Law and Literature. In: PATTERSON, D. (Ed.) *A Companion to Philosophy and Legal Theory.* Cambridge: Blackwell, 1996. p. 450 et.seq.

[64] AMADO, Juan Antonio García. Breve Introducción sobre Derecho y Literatura. In: ——. *Ensayos de Filosofía Jurídica.* Bogotá: Temis, 2003, p. 364.

[65] A respeito, veja-se DE GIORGI, Rafaelle. *Direito, Tempo e Memória.* São Paulo: Quartier Latin, 2006.

Correta, assim, a observação de Korfmann,[66] para quem a Literatura moderna é caracterizada por sua fragmentariedade, e, portanto, passível de complementaridade a qualquer momento. Para o mesmo autor,[67] tal pontuação é devida à evolução dos diferentes movimentos que a Literatura possuiu (esteticismo, naturalismo, realismo, a arte com vida e pós-modernismo). Justamente nessa última escola – o pós-modernismo – é que a Literatura se antecipa e desenvolve operações mais aptas à sua autodescrição. As ideias de ausência de certeza e de policontextos fazem com que essa "época" possa ser descrita "não como um novo período, mas como a realização do potencial de uma autonegação imanente à estruturação moderna".[68] Nesse sentido, pontuando, com base no *Admirável Mundo Novo*, o mito da segurança jurídica convalida a constatação de que o sistema jurídico não atingiu o nível de desdiferenciação e de autoconstrução exteriorizada pelo sistema da arte.

Como proposta de coligação entre tais estruturas, propõe-se as ideias de risco (já abordada) e autopoiese. A propósito, um dado bastante interessante é dado por Luhmann.[69] Diz o autor que as culturas tradicionais simplesmente desconheciam a existência da palavra *risco*. Ocorria perigo. Mas ele era facilmente identificável. Sabia-se exatamente quem eram os inimigos. Tomavam-se, pois, providências – entre elas, fazer leis – simples.

A assimilação da ideia de risco, por outro lado, possui etapas, bem narradas por Ost,[70] para quem a sociedade liberal do século XIX tratava o risco como um acidente, algo impossível de se prever, individual, repentino e ligado a elementos exteriores. Após, o risco passa a ser concebido a partir da noção de prevenção por intermédio de técnicas científicas. Um terceiro momento seria o atual, em que o risco assume proporções inéditas, colocando em xeque a capacidade de prevenção e de domínio do homem sobre a sociedade por intermédio de técnicas (altas tecnologias sanitárias).

[66] KORFMANN, Michael. A Literatura Moderna como Observação de Segunda Ordem. Uma Introdução ao Pensamento Sistêmico de Niklas Luhmann. *Revista de Estudos Germânicos*, v.6, USP, São Paulo, 2003, p. 52.

[67] Ibidem, p. 53-54.

[68] KORFMANN, A Literatura Moderna..., 2003, p. 57.

[69] LUHMANN, Niklas. *Sociologia del Riesgo*. México: Triana Editores, 1998, p. 43.

[70] OST, *O Tempo do Direito*, 1999, p. 343-347.

Nessa linha de raciocínio, observa Beck[71] que a ordem de urgência é o estado normal das coisas no mundo contemporâneo. Assinala, entretanto, que a inovação e o desenvolvimento não devem ser barrados, mas sim trazidos a um nível de confiança suficiente para que se relativize a indeterminação. A questão principal, portanto, passa a ser entender o entendimento das expectativas normativas como modelos compatíveis de seletividade dessa hipercontingência advinda da sociedade contemporânea em face das inúmeras possibilidades decisórias que ela oferta. Colocado em outros termos: o *Admirável Mundo Novo* deve trazer lições sobre o futuro controlável que as altas tecnologias sanitárias permitem à sociedade contemporânea, mas não deve barrá-las.

Daí, portanto, a constatação de que o risco não é algo que deva ser temido. Ao contrário. Ele é parte imanente do sistema social. É condição para o seu desenvolvimento, pois, conforme Giddens,[72] *o risco é a dinâmica mobilizadora de uma sociedade propensa à mudança, que deseja determinar seu próprio futuro em vez de confiá-lo à religião, à tradição ou aos caprichos da natureza.* Torna-se necessário, assim, perceber a inserção do sistema jurídico nessa realidade.

Nesse sentido, Arnaud afirma que a característica do Direito atual é de complexidade e risco.[73] Dessa maneira, o sistema jurídico deve ser pensado sob uma outra forma de racionalidade,[74] que inclua, entre outras, a percepção de uma necessária coligação entre os sistemas diferenciados de uma sociedade.

A sociedade contemporânea é composta, seguindo a ideia de Luhmann,[75] por subsistemas (saúde, educação, jurídico, etc.) funcionalmente diferenciados que, a partir da sua própria recursividade, (re)criam formas sociais (e de Direito) novas. Isso significa dizer que, do ponto de vista da unidade social, a diferenciação é dada mediante a função própria exercida por cada sistema. Daí decorre o

---

[71] BECK, Ulrich. *La Sociedad del Riesgo: hacia una nueva modernidad.* Barcelona: Paidós, 2001, p. 79.

[72] GIDDENS, Anthony. *Mundo em Descontrole: o que a globalização está fazendo de nós.* Rio de Janeiro: Record, 2002, p. 34.

[73] ARNAUD, *O Direito entre Modernidade e Globalização...*, 1999. p. 203

[74] ARNAUD, André-Jean. *Critique de la Raison Juridique. 2. Gouvernants sans Frontières. Entre mondialisation et post-mondialisation.* Paris: L.G.D.J, 2003, p. 29.

[75] LUHMANN, Niklas. *Ausdifferenzierung des Rechts. Beiträge zur Rechtssoziologie und Rechtstheorie.* Frankfurt: Suhrkamp, 1999, p. 241-243.

entendimento de que o Direito é como um sistema autonomizado[76] (de segundo grau) do sistema social (de primeiro grau), operacionalmente enclausurado, mas a ele conectado de forma cognitiva.

Torna-se premente aceitar que tanto o *Brave New World* quanto a *Reserva* estão inseridos em um contexto de insegurança e de risco próprio da sociedade atual. As tentativas de observação desses fenômenos devem recordar que o sistema sanitário e o sistema jurídico não ficam imunes à ambiência, ao sistema social. Decidir com base exclusivamente clausural – esquecendo-se do risco e da insegurança – é, assim, um erro que trará maiores problemas ao próprio sistema social.

Nessa esteira, é imperioso afirmar que pretender o isolamento do sistema sanitário, que ele seja confinado a questões meramente ou de políticas públicas ou de decisões judiciais, é simplificar o complexo sem a devida filtragem. Não se pode tratar mediante heteropoiese um fato que é, necessariamente, social.

Como conciliar isso? Por intermédio da ideia da *autopoiesis* luhmanniana, onde o Direito é um sistema normativamente fechado, porém cognitivamente aberto. O aparente paradoxo é a razão pela qual essa teoria é capaz de descrever com uma maior acuidade as altas tecnologias sanitárias da sociedade atual.

A autopoiese é um processo contínuo cujo início ou fim não acabam em si mesmo, na exata linha do que defende Clam.[77] É um processamento *ad continuum* entre de conexão entre as estruturas e acontecimentos. Tudo isso está orientado ao necessário acoplamento entre os sistemas, mediante uma autofundação factual constante e contínua.

Daí por que a autopoiese dos sistemas sociais possibilita a diminuição de um *gap* entre aquilo que se deseja e aquilo que se encontra no estado atual.[78] Com isso, a teoria autopoiética é uma forma de observação em que aquilo que se pretende com o sistema sanitário é um dado posto, mas não se deixa de objetivar o dele se deseja.

---

[76] Em especial, ver TEUBNER, Gunther. *Droit et Réflexivité: l'auto-référence en droit et dans l'organization.* Bruilant: Belgique: L.G.D.J: Paris, 1996.

[77] CLAM, Jean. A Autopoiese do Direito. In: ——; ROCHA, L.S; SCHWARTZ, G.A.D. *Introdução à Teoria do Sistema Autopoiético do Direito.* Porto Alegre: Livraria do Advogado, 2005, p. 103.

[78] PATERSON, John. Reflecting on Reflexive Law. In: KING, Michael; THORNHILL, Chris. *Luhmann on Law And Politics.* Oxford: Hart Publishing, 2006, p. 29.

De fato, aí reside um ponto em que o *Mundo Novo* se comunica com a *Reserva*. Refutando-se a hipótese heteropoiética, verifica-se que a narrativa do livro em tela deve ser percebida pelos subsistemas sociais a partir de sua lógica interna. Após, necessariamente, haverá um *output,* uma resposta à sociedade. Ela influenciará novamente, via comunicação, os demais subsistemas, que, por sua vez, darão suas respostas próprias, reprocessadas mediante sua especificidade funcional.

A girada autopoiética consiste no fato de se pensar que os subsistemas possuem uma lógica peculiar que não resta desconectada do ambiente, produzindo ruídos de fundo que irritam comunicacionalmente os demais subsistemas (afinal, no entorno, existem mais entornos). Por intermédio da comunicação, o sistema absorverá e filtrará as influências externas, selecionando sua especificidade, trazendo-as para seu interior recursivamente hermético, onde a questão será (re)processada, em sua lógica clausural, auto-referencial e autopoiética.

A autopoiese tem a vantagem da resposta recursiva, construída por intermédio de suas operações e estruturas. Com isso, haverá autonomização. O subsistema se diferenciará do entorno mediante uma unidade de diferença (interior/exterior). Assim, resta perscrutar que tipo de reentradas o sistema jurídico dará para as influências provenientes do sistema sanitário em um cenário de risco e insegurança.

3.2.4. As altas tecnologias sanitárias: que Direito para qual mundo?

Segundo Luhmann,[79] uma das grandes causas da temática de o risco provocar tanta discussão na sociedade contemporânea, considerando-a inclusive como uma sociedade de risco, vem da velocidade do desenvolvimento tecnológico nas mais variadas esferas do saber, notadamente, nas biológicas e sanitárias. Essa é, também, uma das grandes questões do *Admirável Mundo Novo.*

Esse problema chega a um dilema. De um lado, as forças políticas, morais e religiosas (e também as normas jurídicas) encontram-se em atraso temporal quando contrapostas ao avanço das tecnologias

---

[79] LUHMANN, Niklas. *Sociologia del Riesgo,* 1998 ,p. 127.

sanitárias. De outro, resta a pergunta bem elaborada por Luhmann:[80] até que ponto se devem correr riscos em favor da aceitação dessas tecnologias?

A resposta não pode ser dada com base na antiga diferença proporcionada pela distinção entre técnica e natureza. Para este tipo de distinção,[81] *la naturaleza es aquello que por si mismo surge y perece (phyisis)*, enquanto a técnica é a *producción de um objeto o de un estado en desviación de lo que la naturaleza por si misma produciría*. Nesse sentido, a natureza não alcança seu estado de perfeição quando seu curso normal resta alterado. Talvez a técnica alcance esse estado, mesmo que se desvie de seu rumo habitual.

Essa distinção foi particularmente importante na visão cristã do homem na criação do natural (divino?). Dita forma de observar o avanço da tecnologia fez com que se sobrepusesse uma ideia arcaica de homem-perfeição em detrimento de um avanço que, talvez, pudesse ajudar o próprio ser humano em sua busca eterna (e provavelmente infrutífera) pela perfeição. Trata-se, metaforicamente, do Método Bokanovsky, e, faticamente, das questões bioéticas presentes na sociedade atual. No entanto, assinale-se, desde já, que foi, por exemplo, essa concepção inadequada que postergou por várias vezes a fertilização *in vitro*[82] (fato já cotidiano no mundo atual).

A análise dos avanços da tecnologia sanitária e a percepção de seus riscos requerem a implantação da quebra de um paradigma já operado na transição entre a Idade Média e a Modernidade:[83] o mundo deve deixar de ser palco de uma *admiração* religiosa para tra-

---

[80] LUHMANN, Niklas. *Sociologia del Riesgo*, 1998, p. 128.

[81] Idem.

[82] Como recorda BECK, *La Sociedad del Riesgo...*, 1998, p. 160: "El punto de partida para la aplicación de la fecundación in vitro es el deseo de tener hijos por parte de mujeres estériles. Hasta hoy, el tratamiento se ofrece, em la mayoria de clínicas, exclusivamente a matrimônios. Esa limitación es anacrônica en relación com la extensión de parejas no casadas. Por otra parte, existe la posibilidad de aplicar la técnica de fecundación a mujeres solas, lo cual representa algo totalmente nuevo y cuyas consecuencias es difícil de prever. Y además no se trata en este caso de mujeres que permanecen solas trás la separación, sino de uma maternidad deseada sin padre que es algo nuevo historicamente. Requiere la donación de semen masculino al margen de todo tipo de pareja establecida. Desde el punto de vista social, se trataría de hijos sin padre, cuyos padres quedarían reducidos a sólo una madre y un donante anónimo de semen. Finalmente esse proceso va más allá del mantenimiento de la paternidad biológica y de su desaparación social. Quedan totalmente indefinidas todas las cuestiones sociales de la paternidad genética: procedencia, herencias, exigencias mantenimiento y cuidados, etc."

[83] Cf. LUHMANN, Ibidem, 1998, p. 129.

tar de um problema prático a ser resolvido pelos meios humanos, ou seja, do como fazer para alcançar tal objetivo (cura da AIDS, por exemplo).

Afastados os problemas religiosos ainda atuantes no mundo moderno (criminalização do aborto, por exemplo), podem-se enfrentar os problemas trazidos pelas novidades tecnológicas não como defensores da natureza, mas como observadores do risco. Não se pode mais defender a natureza em nome de uma excessividade tecnológica, pois assim se estaria, em última análise, prejudicando o ser humano. A questão passa a ter como norte, conforme já referida, a figura do risco. Assim, refere Luhmann,[84]

> (...) puede muy bien ser el caso de que un proceso sea mucho menos riesgoso que el outro, pero no puede justificarse apelando a la naturaleza. Porque, después de todo, la naturaleza pudo haber generado, en el curso de la evolución, muchos organismos construidos geneticamente de manera diversa, pero dificilmente habría llegado a hacer crecer tantas papas en un sembradío a tan corta distancia unas de otras.

Com isso, há que distinguir os riscos tecnológicos da saúde da distinção técnico-natureza. Nessa linha, a técnica pode ser entendida como uma clausural causal de um âmbito de operações.[85] A tecnologização da saúde é, portanto, um isolamento, mais ou menos, eficaz das relações causais especificadas no âmbito negativo de seu Código (a Enfermidade). Luhmann aponta[86] que tal conceito leva às seguintes vantagens:

1) o curso da tecnologia passa a ser controlável, visto que analisados sob um âmbito diminuto e específico (relação causal isolada a respeito de uma enfermidade);

2) os recursos podem ser objeto de planejamento e

3) os erros são reconhecidos e calculáveis.

Quando se trata de problemas advindos do avanço genético, o cálculo de risco passa a ser dado pelo subcódigo específico do sistema sanitário: geneticamente perfeito/geneticamente preocupante. A análise de aplicação ou não de uma nova tecnologia, em um paciente é, então, verificada por esse código de forma clausural e autorrecursiva, de tal forma que elementos extrassistêmicos (religião, política

---

[84] LUHMANN, *Sociologia del Riesgo*, 1998, p. 131.

[85] Ibidem, p. 132.

[86] Idem.

e moral) são deixados de lado, uma vez que não estão incluídos na dinâmica autopoiética do sistema sanitário.

Nesse sentido, os problemas das técnicas são resolvidos por meio da própria técnica, e o risco reside na decisão. Assim, há que verificar técnicas que permitem desenvolver e/ou imunizar os eventuais danos. Ou, ainda, analisar se os processos técnicos são *dirigibles (por médio de la dosificación de los recursos) y también, en consecuencia, interrumplibes si ya no se requiere de sus efectos, o se no se desean más.*[87] Dessa forma, no caso das altas tecnologias sanitárias, há a necessidade de técnicas outras que possam funcionar no caso de as principais falharem. E, mais, devem ser capazes de estar prontas a operarem em qualquer tempo. Ocorre, pois, um paradoxo: não se colocar a tecnologia fora de operação mesmo que não tenha funcionado.[88]

Nessa linha de raciocínio, antes da ocorrência do risco, perquire-se sobre os riscos e as possibilidades de evitá-lo.[89] Os riscos domesticados são liberados para uso geral (com notada frequência no caso dos medicamentos), sem que se possa garantir que uma mudança de contexto torne o risco mais provável do que outrora. Sem embargo, isso ocorre, com certa frequência, no ramo dos fármacos. Um remédio tido e aprovado pelas agências competentes, hoje, pode não o ser amanhã, como comprova o caso da talidomida no Brasil.

Extrai-se, portanto, que a própria tecnologia contém risco, porque a técnica não é natureza, dela se diferenciando. O risco, nas altas tecnologias, é, pois reflexivo e auto-recursivo. É a percepção de sua redução de complexidade mediante enclausuramento que faz com que se alivie risco pelo risco e que se (re) produza risco por intermédio do risco. Logo, os limites da tecnologia são dados pela própria tecnologia. Mas essa ideia não é uma ideia pessimista, ao contrário, pois *lo único a lo que la técnica puede ayudar es a sí misma, y la tendencia*

---

[87] LUHMANN, *Sociologia del Riesgo*, 1998, p. 136.

[88] Ibidem, p. 137: "El ejemplo clásico aqui es el de la energía nuclear. La inmensa atención que se le ha prestado a este caso y a su tecnología de seguridad, así como el valor como ejemplo que se le concede, reside posiblemente en los efectos catastróficos que tendrían perturbaciones no controlables."

[89] Sobre a questão do risco no direito à saúde, consulte-se SCHWARTZ, Germano André Doederlein. *O Tratamento Jurídico do Risco no Direito à Saúde*. Porto Alegre: Livraria do Advogado, 2004.

reconocible permite descubrir a cambio de ello más riesgos y oportunida-des.[90]

Mas, ressalte-se que, havendo normas jurídicas, esses procedimentos orientam o agir das estruturas do sistema sanitário, de vez que estão orientadas para problemas futuros. Caso não o estejam, devem ser substituídas para que não entrem em disformidade temporal e não permitam que as decisões dali oriundas repitam o passado. Como bem recorda Luhmann,[91] a garantia de tecnologias adicionais garantidoras das tecnologias principais não é infalível, e necessita de um sistema de regras que uniformizem a atenção e a capacidade humana de reposta (Direito). Essa interferência comunicacional não trivial nos processos tecnológicos fornece a própria autopoiese do sistema sanitário e jurídico também.

No já citado problema da fertilização *in vitro*, existe uma série de questões em aberto, como assinala Beck:[92] o que fazer com os embriões antes do momento de sua implantação? Como reconhecer a "normalidade" do embrião? Desde quando se pode considerar que o óvulo ainda não fecundado não é vida humana? É possível comercializar sêmen congelado? Como ficam os direitos sucessórios do embrião *post mortem* do doador?[93]

Todas essas questões derivam da possibilidade da manipulação genética e das consequências advindas do domínio de tal tecnologia. É dizer: o domínio germinativo leva a uma série de riscos anteriormente desconhecidos pelo simples fato de inexistir a tecnologia. Ademais, o indivíduo pode ter uma série de benefícios em relação à sua saúde pela existência de novas tecnologias. Como referem Mi-

---

[90] SCHWARTZ, *O Tratamento Jurídico do Risco no Direito à Saúde.* Op. cit., p. 140.

[91] LUHMANN, Niklas. *Sociologia del Riesgo,* 1998, p. 138.

[92] BECK, *La Sociedad del Riesgo...*1998, p. 60.

[93] Para esta questão específica, o sistema jurídico brasileiro já encontra base justiciável no Código Civil de 2002. Diz seu artigo 1596: "Os filhos, havidos ou não da relação de casamento, ou por adoção, terão os mesmos direitos e qualificações, proibidas quaisquer designações discriminatórias.". Tal artigo, para o problema em tela, deve ser conjugado com o disposto nos inciso III, IV e V, do artigo 1597: Presumem-se concebidos na constância do casamento: I - ...; II – ...; III – havidos, por fecundação artificial homóloga, mesmo que falecido o marido; IV - havidos, a qualquer tempo, quando se tratar de embriões excedentários, decorrentes de concepção artificial homóloga; V - havidos por inseminação artificial heteróloga, desde que tenha prévia autorização do marido."

guel, Yuste e Durán:[94] *el sujeto individualizado en sus contornos físicos, así llamados "naturales", tiende a diluirse en una contrucción biológica que cada vez deberá más y más a la tecnología.*

Beck,[95] sob essa perspectiva, continua a indagar: o que é um patrimônio genético desejável, utilizável ou são? A resposta para a indagação pode vir acompanhada de vários sentidos, notadamente, o ético e social. No entanto, a delimitação deve ser vista do ponto de vista jurídico. Como o Direito pode atuar nos casos de bioética ? Será ele, por exemplo, o responsável pela análise do controle de qualidade dos embriões (Método Bokanovsky)?

Os eventos que resultam em avanço médico, quase sempre, causam, no dizer de Beck,[96] uma transformação silenciosa das condições da vida social. Transmudando a afirmação, pode-se dizer que os avanços do sistema sanitário irritam o sistema social, que, por seu turno, começam a influenciar os seus subsistemas funcionais diferenciados (Direito). Tais subsistemas oferecerão resposta quando absorverem o ruído de fundo do entorno em sua operatividade e clausura interna. Porém, isso somente ocorrerá, quando, de fato, houver a comunicação intersistêmica. É o exemplo da clonagem humana, narrada por Beck:[97]

> Es imaginable que se "clonen" embriones humanos, sustituyendo el núcleo de la célula embrionário por el núcleo de célula de otro individuo. Esto ya se ha realizado con êxito en el caso de ratones. En el caso de los hombres podría servir para crear copias idénticas geneticamente o tejido embrionário que facilitaria la transformación, sin peligro de reacción alérgica, de órganos para su transplante. Aunque todo esto, de momento, sea pura fantasia.

Dessa forma, coloca-se outra questão: Deve-se limitar a possibilidade da clonagem terapêutica, notoriamente em favor do indivíduo que se encontra dependente desta única solução (transplante de órgãos), em nome de uma suposta (embora bastante provável) ocorrência futura de desvio para a clonagem humana (mesmo que esta seja uma hipótese rechaçada moral e religiosamente[98])?

---

[94] MIGUEL, J.M; YUSTE, F.J.; DURÁN. M.A. *El Futuro de la Salud.* . Madrid: Centro de Estudios Constitucionales, 1988. p. 139.

[95] BECK, *La Sociedad del Riesgo...*,1998, p. 261.

[96] Idem.

[97] Idem, nota de rodapé n. 3.

[98] Uma síntese das idéias contrárias à clonagem pode ser encontrada em VARGA, Andrew C. *Problemas de Bioética.* São Leopoldo: Editora Unisinos, 2001. p. 121:"Todos os argumentos em

Assinala-se que, no caso dos transplantes de órgãos, a impossibilidade da clonagem limita a possibilidade da saúde. O fato é que, mesmo no mundo contemporâneo a ideia de doação de órgãos ainda sofre tanto restrições morais como religiosas, acontecendo uma escassez de órgãos transplantáveis.[99] Disso decorre o acontecimento fático do que é proibido juridicamente: a comercialidade dos órgãos das pessoas.[100] Põe-se, pois, outra indagação: essa proibição em nome de uma segurança não traz ainda mais insegurança (possibilidade de raptos, mortes, sequestros e homicídios tendentes a conseguir um órgão para outrem)?

Leve-se em consideração, para tanto, que a positivação de uma norma jurídica só encontra amparo na hipótese de sua violação, isto é, eventual norma proibindo a clonagem humano/terapêutica só será reafirmada quando descumprida. Nesse sentido, a resposta deve ser dada pela própria tecnologia, como já salientou Luhmann e reafirma Beck:

> Lo que continúa siendo posible de modo evidente, en el campo de la medicina, pese a todas las críticas y a las prognosis sobre el futuro, si lo transferimos al terreno de la política oficial es un escándalo, pues decisiones básicas sobre el futuro social tomadas por el parlamento o declaradas publicamente simplemente se reconvierten en algo irreal por mor de las realizaciones de la via práctica.

favor da clonagem implicam, de alguma maneira, que o homem seja usado apenas como meio para objetivos sociais ou para satisfazer os desejos individuais ou paternos. Os clones seriam meros produtos de laboratório nas mãos dos homens egoístas. Os clones seriam um novo tipo de escravos, produzidos para a realização de certas tarefas específicas. Mesmo que tais tarefas fossem altamente intelectuais ou artísticas, elas passariam a ser produtos característicos de seres humanos destinados a trabalhos forçados. Além do fato de não ter sido provado que talentos e habilidades sejam hereditários, esperar-se-ia que os clones agiriam como o doador do núcleo. A liberdade da decisão de sua carreira seria cerceada, pois se esperaria que eles fossem reproduções do gênio ou do grande músico dos quais eles tivesse sido clonados. Mesmo que se considerem os clones como reprodução de gênio ou de escravos, um novo tipo de seres humanos teria sido criado, o que introduziria novas formas de divisão e discriminação em nossa sociedade, uma sociedade que, nos séculos passados, fizera tudo para eliminar as diferenças sociais."

[99] Cf. PESSINI, Léo; BARICHIFONTAINE, Christian de Paul. *Problemas Atuais de Bioética*. 5 ed. São Paulo: Edições Loyola, 2000, p. 331.

[100] A respeito, assevera FERRAZ, Sérgio. *Manipulações Biológicas e Princípios Constitucionais*. Porto Alegre: SAFE, 1991, p. 34: "A extra comercialidade, aqui sustentada, é uma garantia da realização do princípio da integridade e da dignidade da pessoa humana, que abarca, é óbvio, seu corpo e espírito... Doutra parte, e por coerência com as posições atá (*sic*) aqui deduzidas, é evidente que, se bem admitamos, 'pietatis causa' a doação de sangue, tecidos, leite materno, órgãos, etc., jamais aceitaremos seu comércio, sua 'venda', mesmo quando se trate de partes regeneráveis do corpo, ou não-essenciais à vida do 'vendedor'".

Tem-se, portanto, na visão tradicional, uma defasagem entre o progresso tecnológico-sanitário e os meios de controle exterior (política, religião, moral, Direito...). Desse modo, as investigações e experimentações médicas modificam o tradicional e religioso conceito de família composta de pai e mãe biológicos atrelados a sua prole. No entanto, o parlamento não tem como combater essa nova forma de diferenciação social, a ela se adaptando, regulando-a juridicamente, visto que novos riscos decorrerão dessa "nova família". As consequências provindas da manipulação do patrimônio genético somente podem ser avaliadas se as tecnologias são utilizadas. Esse é um risco impossível de se isolar, pois é um risco de todos os homens virem a ficar doentes.

Dessa maneira, em análise sistêmica, pode-se refletir que a bioética é o campo do saber onde ocorrem os maiores acoplamentos entre os sistemas. É um sistema ainda não autonomizado (ainda ligado ao sistema sanitário) que recebe todas as influências da diferenciação exterior, estando tudo ainda por construir em relação ao tema. Pode-se elencar como influências do entorno bioético, como já delineado o Direito, a biologia, a ética, a moral, a filosofia, a religião e inúmeras preocupações sociais tais como a Literatura e seu *Admirável Mundo Novo*.

Nesse sentido, o estudo da bioética apresenta-se como uma reação ao rápido desenvolvimento das técnicas e tecnologias, faceta típica da sociedade contemporânea. Mediante acoplamentos, o sistema do Direito manifesta-se sobre questões de dito caráter, visto que é impossível não decidir. Porém, tal realização se faz com base em seu código próprio (Direito/Não-Direito), garantido a diferenciação funcional, e, por conseguinte, a autopoiese do sistema social.

3.2.5. Questões finais

Ao contrário da previsão de Huxley, a incerteza está presente nas decisões e nas ações, tendo em vista o desenvolvimento das tecnologias hodiernas. Cabe ao Direito atual garantir procedimentos apropriados que o legitime em decisões desse caráter. Nessa ótica, a bioética torna-se uma aliada do mundo jurídico, na medida em que, problematizando as questões, abre caminhos para a atuação do sistema do Direito. Contudo, deve-se atentar para o fato de que as regras jurídicas não podem mais ser estabelecidas previamente, pois as referências habituais fracassam diante do ineditismo das situações. Elas devem, como já dito, orientar-se para o futuro.

A partir dos questionamentos quanto à criação (ou não) de normas bioéticas surgem dificuldades de duas ordens. Primeiramente, as de conteúdo: passar da bioética já efetivada para o biodireito é uma formalização cujo risco é a vida. O conteúdo das normas a determinar acarretaria um consenso, no mínimo, bastante incerto. Em seguida, um problema formal: o modo de formulação também é problemático, pois surge o questionamento de ser possível legislar caso a caso, para, após, submetê-lo ao entendimento de um juiz.

Assim, mister a necessidade de se pensar o tema de forma mais abrangente e moderna, isto é, a partir da visão de uma bioética como um processo sistêmico, em que o risco é constante e as metas a serem alcançadas decorrem da própria evolução de suas tecnologias, bem como do avanço dos demais sistemas sociais com os quais se relaciona.

Com isso, paradoxalmente, pode o homem, mediante a autopoiese dos sistemas (físicos, biológicos e psíquicos) e sua consequente diferenciação funcional, retornar ao seu desejo e mito original: o jardim do Éden.[101] Em outras palavras: é o desenvolvimento diferenciado do não divino, do essencialmente humano, do sistema sanitário desligado das concepções religiosas, que pode recolocar o homem em consonância com sua mítica e psicologicamente desejável face divina e, portanto, inumana.

Por fim, a evolução da saúde e sua conexão jurídica espelham o grande paradoxo e o dilema de sempre: o homem só pode retornar à sua condição "divina" por intermédio de sua atuação – única e exclusivamente humana. E a opção continua a ser dada pela distinção decisória a ser tomada: só se produzirá futuro mediante a produção de diferença. Caso se opte pelo desenvolvimento tecnológico desapegado e funcionalmente diferenciado dos demais subsistemas sociais. Em hipótese contrária, estar-se-ia (re)produzindo passado e poderia se recair, pelos mesmos motivos de outrora, em uma nova Idade das Trevas (tão prejudicial ao desenvolvimento da medicina

---

[101] Cf. SILVER, Lee M. *De Volta ao Éden: engenharia genética, clonagem e o futuro das famílias.* São Paulo: Mercuryo, 2001. p. 15-28.

e do ser humano). Assim, somente o humano pode alcançar o além-humano (*Um Admirável Mundo Novo)*!

3.3. Marcola e Luhmann: do sistema punitivo aos sistemas sociais

3.3.1. Cenários introdutórios

Primeiro Cenário – Em maio de 2006, na cidade de São Paulo (Brasil), irrompe uma ordem vinda dos presídios (Marcola[102]): aterrorizar a população extramuros. A sucessão dos fatos posteriores[103] demonstrou que a sociedade brasileira se viu diante de um questionamento: a produção de uma normatividade coativa a todos advém de qual *locus*? Dos presídios ou do Estado?

Segundo Cenário – Nos ambientes acadêmicos,[104] especialmente nos brasileiros, paira uma discussão: Luhmann e sua teoria dos sistemas sociais autopoiéticos são aplicáveis em países periféricos?[105] A teoria luhmanniana fica reservada ao Velho Mundo ou faz parte de um sistema social global?

Ambos os cenários se comunicam? Como realidades tão díspares podem se conectar? Do mundo acadêmico à responsividade

---

[102] Líder do PCC (Primeiro Comando da Capital), organização criminosa responsável pelos distúrbios ocorridos na cidade de São Paulo – SP, iniciados em 12 de maio de 2006. Saliente-se que uma das grandes características da referida organização é o fato de ela restar organizado dentro dos presídios (intramuros). Contudo, suas decisões possuem efeitos extramuros. Assim, tem-se um sistema endógeno (que se auto-organiza mediante seus próprios elementos) e, ao mesmo tempo, exógeno (que recursivamente influencia o ambiente no qual se insere por intermédio de suas próprias decisões).

[103] De acordo com o *Relatório do Sistema Prisional Brasileiro*. Síntese de Videoconferência Realizada pela Comissão de Direitos Humanos e Minorias da Câmara dos Deputados em Parceria com a Pastoral Carcerária – CNBB. Brasília. Julho/ 2006, p. 4: "De fato, o transbordamento dos muros das prisões para ganhar as ruas é uma característica das rebeliões atuais, cujo marco de referência foi a onda de violência iniciada pelo PCC em São Paulo em fins de maio último, seguida de cerca de 500 homicídios até agora não esclarecidos. Neste começo de julho, agentes penitenciários de São Paulo vêm sendo assassinados diariamente, enquanto a penitenciária de Araraquara – SP nos dá o deprimente espetáculo de violação de direitos sem fim dos 1.500 presos onde cabem 160."

[104] Veja-se, por exemplo, KING, Michael. What's the Use of Luhmann's Theory? In:——; THORNHILL, Chris. *Luhmann on Law And Politics.*Oxford: Hart Publishing, 2006, p. 37-52.

[105] Como exemplo: (a) contra: STRECK, Lenio Luiz. *Verdade e Consenso: Constituição, Hermenêutica e Teorias Discursivas*. Rio de Janeiro: Lumen Juris, 2006, p. 24-25.; (b) a favor: NEVES, Marcelo. *Verfassung und Positivität des Rechts in der Peripheren Moderne: eine theoritsche Betrachtung und eine Interpretation des Falls Brasilien*. Duncker u. H., Bln. Broschiert, 1992.

social. Do primeiro mundo à *terra brasiliensis.* Caminhos longos. Repletos de trechos sinuosos, mas circulares. Autorreferenciais.

3.3.2. A Ambiência Imaginária dos Cenários: o mito da segurança jurídica.

Sob que pano de fundo se desenrolam ambos os cenários? Várias podem ser as respostas. Contudo, uma congruência é inegável. Eles se desenvolvem em um contexto social. Presídios ou academia somente são factíveis a partir da existência de uma sociedade e de sua subsequente inserção nesse contexto.

Luhmann,[106] a respeito, diz que a pressuposição de um sistema social sobre o qual se lançam observações e auto-observações[107] é um dado inconteste. De fato, é impossível conceber uma penitenciária,[108] uma universidade,[109] ou, até mesmo, um ordenamento jurídico,[110] senão como instituições sociais. São, portanto, construções provenientes da evolução de uma sociedade. Seus respectivos graus de avanço dependem, dessa forma, da complexidade social na qual se inserem.

Um tal apontamento leva a uma necessária análise: em que tipo de sociedade restam incluídos, hoje, Marcola (penitenciárias) e Luhmann (academia)? Com isso, segue-se que o entrelaçamento desses personagens passa por um caminho. A saber: a sociedade contemporânea está assentada em quais características?

---

[106] De acordo com o autor "el concepto de sistema significa, pues, algo que realmente es un sistema, y por conseguiente asume la responsabilidad de la verificación de sus proposiciones con la realidad". LUHMANN, Niklas. *Sociedad y Sistema: la ambición de la teoría..* Barcelona: Paidós, 1990, p. 41.

[107] Sobre a utilidade dos conceitos de observação e auto-observação na teoria dos sistemas sociais autopoiéticos, consulte-se ROCHA, Leonel Severo. *Paradoxos da Auto-Observação: percursos da teoria jurídica contemporânea.* Curitiba: JM Editora, 1997.

[108] Essa é a posição de FOUCAULT, Michel. *Vigiar e Punir: nascimento da prisão.* Petrópolis: Vozes, 1987, bem explicitada na forma como desvela a (des)necessidade das penitenciárias por meio da estrutura em capítulos da obra citada (Suplício, Punição, Disciplina e Prisão).

[109] Veja-se, a respeito, a obra monográfica do autor sobre o sistema educativo, em que as universidades são entendidas como estruturas do subsistema social aludido: LUHMANN, Niklas. *Il Sistema Educativo: problemi di riflessività.* Roma: Armando Editore, 1988.

[110] Em especial, o capítulo *"Die Gesellschaft und ihr Recht"*, da obra LUHMANN, Niklas. *Das Recht der Gesellschaft.* Frankfurt: Suhrkamp, 1997, p. 550-586.

Há uma séria discussão terminológica[111] sobre a denominação a ser utilizada para designar a sociedade atual. Atendo-se, precisamente, às suas características, e afastando-se desse debate, pode-se trilhar um percurso mais seguro em direção à descrição da sociedade hodierna.

Contrapondo-se à ideia de segurança, objetivo central do estabelecimento de determinada ordem jurídica em certo território, a sociedade atual tem como intrínseca a noção de insegurança.[112] O cenário de número um é a comprovação cabal dessa constatação.

De fato, pensar, por exemplo, que o Direito ainda é capaz de estabilizar todas as expectativas (normativas) nutridas pelos cidadãos em relação à Lei é, novamente, descompassar o tempo do Direito com o tempo da sociedade.[113] O sistema jurídico permanece, porém, e em qualquer hipótese, como instituição social. Cumpre referir, entretanto, que ele não consegue fornecer a mitológica segurança na sociedade hodierna. Sua função principal, para Luhmann,[114] é reduzir a insegurança a níveis socialmente aceitáveis.

Mas esse não é um fenômeno que pertença unicamente ao sistema jurídico. Enquanto inserto em um sistema social, o Direito inscreve-se em um ambiente que afeta e influencia tudo aquilo que se encontra dentro da sociedade (subsistemas). Dito de outra forma: o Direito é inseguro porque o sistema social, em seu ambiente, não possui segurança.

Visualizar o Direito como algo absolutamente seguro somente foi possível a partir de uma ideia de sociedade de baixa complexidade. Nela, podem-se verificar papéis tradicionais bem delimitados e instituições destinadas a perdurar no tempo. Daí a alta possibilidade de previsão e de determinação característica de uma forma societária que não mais subsiste.

---

[111] Uma precisa narrativa dessa discussão é encontrada em COSTA, Renata Almeida da. *A Sociedade Complexa e o Crime Organizado: a contemporaneidade e o risco nas organizações criminosas.* Rio de Janeiro: Lumen Juris, 2004, p. 3-44.

[112] Como afirma Idem, p. 23: "A incerteza é um dos principais marcos da contemporaneidade".

[113] Sobre a concepção de que o tempo do Direito é, atualmente, diferente do tempo social, veja-se OST, François. *O Tempo do Direito.* Lisboa: Piaget, 1999.

[114] LUHMANN, Niklas. Le Droit Comme Système Social. *Droit et Société.* Paris, n.11-12, 1989, p. 61.

O Direito dessa época é, de fato, um Direito ligado à noção tradicional de Estado (povo, território e governo). O monopólio da regulação jurídica estatal é a ideia-base do imaginário da segurança e da certeza. Esse ente se legitima porque produz normas jurídicas e vice-versa. O assim denominado normativismo, centrado nos estudos sobre o processo de produção e aplicação da norma jurídica, adquiriu *status* científico.[115] Com isso, seguiu-se uma separação indesejável – até mesmo para Kelsen – entre a aplicação do Direito e a sociedade.

Alie-se a isso o desejo de que as leis perdurassem em um lapso temporal bastante largo, afinal as mudanças sociais ocorriam de forma lenta. Arnaud[116] acrescenta que o Direito advindo da ideia tradicional de Estado tem como grandes características a simplicidade e a segurança. Em outras palavras: o Direito era simples porque a sociedade também o era.

No entanto, a descrição do Cenário 1 é suficiente para acabar com a pretensão de segurança e de certeza porque: (1) demonstra que o poder de coação não vem mais da norma – os cidadãos paulistas acataram uma ordem de recolher vinda de dentro de um presídio; e, (2) a insegurança é uma característica da sociedade contemporânea.

Dessa maneira, são acertadas as conclusões de De Giorgi,[117] ao concluir pela insubsistência da certeza e da simplicidade jurídicas na sociedade atual. Para o autor, o Direito assim pensado possui problemas que podem ser identificados em quatro tópicos:

1) Problemas na unidade do Direito. Tanto a filosofia analítica quanto a hermenêutica voltaram-se unicamente para a questão linguística do Direito. A clausura absoluta do sistema jurídico resulta na;

---

[115] Veja-se a respeito KELSEN, Hans. *Teoria Pura do Direito*. São Paulo: Martins Fontes, 2000; KELSEN, Hans. *Teoria Geral das Normas*. Porto Alegre: SAFE, 1986.; BOBBIO, Norberto. *Teoria do Ordenamento Jurídico*. Brasília: UnB, 1984.

[116] ARNAUD, André-Jean. *O Direito entre Modernidade e Globalização: lições de Filosofia do Direito e do Estado*. Rio de Janeiro: Renovar, 1999. p. 203.

[117] DE GIORGI, Rafaelle. Luhmann e a Teoria Jurídica dos Anos 70. In: CAMPILONGO, Celso Fernandes. *O Direito na Sociedade Complexa*. São Paulo: Max Limonad, 2000, p. 183. et. seq.

2) inexistência de uma variabilidade estrutural do Direito, uma vez que um sistema fechado não permite variação[118] interna;

3) Logo, a desejada normatividade especificamente jurídica torna-se impossível ante a necessária comunicação entre o Direito e os demais sistemas sociais;

4) Assim, resta uma abrupta separação entre Direito e Sociedade, que os desconecta e causa rupturas sensíveis entre as expectativas normativas e as decisões tomadas pelo sistema jurídico.

Por tudo isso, é que se pode compreender (nunca concordar com) discursos[119] que colocam o ocorrido no sistema penitenciário brasileiro como um fenômeno isolado do sistema social. Mais, não é responsabilidade do sistema jurídico. Aliás, é problema de um outro sistema (o político). Como se fosse possível isolar-se de um fato social e abstrair a necessária coligação entre as estruturas sociais. A sociedade de hoje é hipercomplexa. Necessita, portanto, de uma outra forma de observação do sistema jurídico. Somente assim será possível uma descrição correta de seus fenômenos.

Dessa forma, caso seja tido como existente o mito da segurança jurídica, têm-se que os Cenários 1 e 2 não são interdependentes. A proposta, contudo, é demonstrar que essa clausura dos subsistemas sociais jamais pode ser completa. Ela deve absorver influências externas, conectando-se com o sistema social. Um depende do outro. Aquele se alimenta deste. Ambos se recriam a partir de si próprios e da ligação existente entre si (autopoiese). É um risco, mas são partes de um sistema social que deve ser analisado como um todo a partir de suas próprias partes.[120]

---

[118] Com maiores detalhes, veja-se ROCHA, Leonel Severo. *Epistemologia Jurídica e Democracia.* São Leopoldo: Unisinos, 1999, p. 89-100.

[119] Exemplo dessa postura é a do ex-governador do Estado de São Paulo e atual candidato à Presidência da República, Geraldo Alckmin, que, em declaração à Revista Veja de 19 de julho de 2006, p. 61, afirma não existir crise alguma, asseverando, ainda, que o índice de fugas das penitenciárias do Estado é de apenas 0,13%, "um número europeu". Duas observações: (a) o pronunciamento é um exemplo do que pensam outras lideranças políticas no Brasil no sentido de não haver crise no sistema punitivo brasileiro; (b) a idéia lançada esquece-se de um fato: quem cometeu os atos na cidade de São Paulo não eram fugitivos. Eram pessoas livres, filiadas, todavia, a uma organização criminosa que se localiza dentro das penitenciárias paulistas.

[120] Cf. CAPRA, Fritjof. *A Teia da Vida: uma nova compreensão científica dos sistemas vivos.* São Paulo: Cultrix, 1996, p. 15-20.

3.3.3. (Re)ambientando os cenários: risco e insegurança jurídica

Os sociólogos da atualidade travam vários debates. Contudo, em um ponto, concordam. A sociedade contemporânea deve ser observada por intermédio da variável risco. Onde antes havia simplicidade, hoje, existe complexidade. Onde outrora havia determinação, há risco.

Um dado bastante interessante a respeito é dado por Luhmann.[121] Diz o autor que as culturas tradicionais simplesmente desconheciam a existência da palavra *risco*. Ocorria perigo. Mas ele era facilmente identificável. Sabia-se exatamente quem eram os inimigos. Tomavam-se, pois, providências – entre elas, fazer leis – simples.

A assimilação da ideia de risco, por outro lado, possui etapas, bem narradas por Ost,[122] para quem a sociedade liberal do século XIX tratava o risco como um acidente, algo impossível de se prever, individual, repentino e ligado a elementos exteriores. Após, o risco passa a ser concebido a partir da noção de prevenção por intermédio de técnicas científicas. Um terceiro momento seria o atual, em que o risco assume proporções inéditas, colocando em xeque a capacidade de prevenção e de domínio do homem sobre a sociedade por intermédio de técnicas (sistema punitivo).

Nessa linha de raciocínio, observa Beck[123] que a ordem de urgência é o estado normal das coisas no mundo contemporâneo. Assinala, entretanto, que a inovação e o desenvolvimento não devem ser barrados, mas sim trazidos a um nível de confiança suficiente para que se relativize a indeterminação. A questão principal, portanto, passa a ser entender o entendimento das expectativas normativas como modelos compatíveis de seletividade dessa hipercontingência advinda da sociedade contemporânea em face das inúmeras possibilidades decisórias que ela oferta.

Daí, portanto, a constatação de que o risco não é algo que deva ser temido. Ao contrário. Ele é parte imanente do sistema social. É

---

[121] LUHMANN, Niklas. *Sociologia del Riesgo.* México: Triana Editores, 1998, p. 43.

[122] OST, *O Tempo do Direito,* 1999, p. 343-347.

[123] BECK, Ulrich. *La Sociedad del Riesgo: hacia una nueva modernidad.* Barcelona: Paidós, 2001, p. 79.

condição para o seu desenvolvimento, pois, conforme Giddens,[124] *o risco é a dinâmica mobilizadora de uma sociedade propensa à mudança, que deseja determinar seu próprio futuro em vez de confiá-lo à religião, à tradição ou aos caprichos da natureza.* Torna-se necessário, assim, perceber a inserção do sistema jurídico nessa realidade.

Nesse sentido, Arnaud afirma que a característica do Direito atual é de complexidade e risco.[125] Dessa maneira, o sistema jurídico deve ser pensado sob uma outra forma de racionalidade,[126] que inclua, entre outras, a percepção de uma necessária co-ligação entre os sistemas diferenciados de uma sociedade.

A sociedade contemporânea é composta, seguindo a ideia de Luhmann,[127] por subsistemas (educação, jurídico, etc.) funcionalmente diferenciados que, a partir da sua própria recursividade, (re)criam formas sociais (e de Direito) novas. Isso significa dizer que, do ponto de vista da unidade social, a diferenciação é dada mediante a função própria exercida por cada sistema. Daí decorre o entendimento de que o Direito é como um sistema autonomizado[128] (de segundo grau) do sistema social (de primeiro grau), operacionalmente enclausurado, mas a ele conectado de forma cognitiva.

Torna-se premente aceitar que tanto o Cenário 1 como o Cenário 2 estão inseridos em um contexto de insegurança e de risco próprio da sociedade atual. As tentativas de observação desses fenômenos devem recordar que o sistema educativo e o sistema punitivo não ficam imunes à ambiência, ao sistema social. Decidir com base exclusivamente clausural – esquecendo-se do risco e da insegurança – é, assim, um erro que trará maiores problemas à própria sociedade brasileira.

Com isso, quer-se dizer que elementos tais como os anteriormente referidos (risco e insegurança) são absolutamente necessários

---

[124] GIDDENS, Anthony. *Mundo em Descontrole: o que a globalização está fazendo de nós.* Rio de Janeiro: Record, 2002, p. 34.

[125] ARNAUD, *O Direito entre Modernidade e Globalização...*, 1999. p. 203

[126] ARNAUD, André-Jean. *Critique de la Raison Juridique. 2. Gouvernants sans Frontières. Entre mondialisation et post-mondialisation.* Paris: L.G.D.J, 2003, p. 29.

[127] LUHMANN, Niklas. *Ausdifferenzierung des Rechts. Beiträge zur Rechtssoziologie und Rechtstheorie.* Frankfurt: Suhrkamp, 1999, p. 241-243.

[128] Em especial, ver TEUBNER, Gunther. *Droit et Réflexivité: l'auto-référence en droit et dans l'organization.* Bruilant: Belgique: L.G.D.J: Paris, 1996.

para a correta observação dos fenômenos indicados no Cenário 1 por intermédio da compreensão exercida pelo Cenário 2.

3.3.4. Conectando os Cenários: a autopoiese dos sistemas sociais.

Uma constatação a respeito do Cenário 1, bastante interessante e que ilustra o anteriormente referido, é dada pelo Deputado Federal Pedro Teruel. Diz ele que, no Brasil, *as rebeliões agora partem de dentro mas ocorrem principalmente fora das prisões.*[129] Nada mais sintomático. Absolutamente autopoiético.

A ilustrar o afirmado, com base em reportagem publicada na *Folha de São Paulo*,[130] refira-se que a ordem dada por Marcola para que a rebelião se iniciasse provinha da insurgência do PCC (Primeiro Comando da Capital) contra a transferência de seus líderes para penitenciárias de maior segurança. A partir daí os membros "extramuros" da organização organizaram uma rebelião fora dos presídios que resultou na morte de policiais militares, de policiais civis, de guardas municipais, de agentes penitenciários e de cidadãos comuns, além da queima de ônibus, saques a agências bancárias, motins em presídios e, na atitude mais simbólica, o "toque de recolher" perpetrado na cidade de São Paulo. Os munícipes não tiveram dúvida. Às 20h do dia 12 de maio de 2006, a capital paulista, cidade com mais de 10 milhões de habitantes, estava deserta. Nem um jogo da seleção brasileira de futebol em uma Copa do Mundo conseguiria tal proeza.

Nessa esteira, é imperioso afirmar que pretender o isolamento do sistema punitivo, que ele seja confinado a questões meramente ou de políticas públicas ou de decisões judiciais, é simplificar o complexo sem a devida filtragem. Não se pode tratar mediante heteropoiese um fato que é, necessariamente, social.[131]

Ora, há muito que os problemas nos presídios brasileiros deixaram de ser questões pertencentes única e exclusivamente a um sistema. Caso isso fosse factível, a falência do sistema punitivo brasi-

---

[129] In: *Relatório do Sistema Prisional Brasileiro.*, 2006, p. 4.

[130] Notícia veiculada em http://www1.folha.uol.com.br/folha/cotidiano/ult95u121535.shtml.

[131] Defendendo, no Brasil, que a ineficácia do sistema punitivo decorre dos próprios problemas sociais brasileiros, veja-se BATISTA, Nilo. *Punidos e Mal Pagos: violência, justiça, segurança pública e direitos humanos no Brasil de hoje.* Rio de Janeiro: Revan, 1990.

leiro[132] teria uma resposta construída a partir de concepções anteriormente estabelecidas, como o panóptico de Bentham, por exemplo. Ocorre, todavia, que a realidade da sociedade brasileira necessita de uma resposta construída a partir de sua própria descrição (auto--observação).

Uma vez que se tenha como correta a percepção oferecida no Relatório do Sistema Prisional Brasileiro de que as facções de criminosos engendraram, a partir das prisões, redes organizadas com ex-presos, familiares e outras pessoas submetidas à sua influência,[133] é facilmente deduzível que sua organização é autopoiética.

O Cenário 1, de fato, é um exemplo bem acabado de como uma parte integrante de um subsistema social (presídio) se diferencia de tal forma que as leis ali vigentes não são mais aquelas que o rodeia. Nesse caso, o desejo da sociedade, mesmo que velado, é o do isolamento, da clausura, do fechamento "normativo". Desde que essa policontexturalidade não ultrapasse os muros da prisão, o sistema social restaria infenso às suas pressões. Essa é a heteropoiese em seu estado puro. Contudo, o problema saiu dos presídios para a sociedade.

Com isso, o que antes ficava isolado, passou a se comunicar, a influenciar, a refletir no sistema social como um todo. O que outrora era somente um ruído de fundo, uma indisposição, um mal-estar, tomou forma de urgência, de operação cotidiana, de faticidade estrutural inserida na sociedade. A concreção fora dos muros da realidade interna dos presos rompe, definitivamente, com sua clausura. É necessário, pois, descrever o problema a partir de uma abertura cognitiva do sistema punitivo com o sistema social que o engloba. Seria utópico pensar ao contrário, quando, por exemplo, em São Paulo, existem 92.865 vagas nos presídios para 125.804 detentos.[134]

Como conciliar isso? A partir do Cenário 2. A ideia da *autopoiesis* luhmanniana é de um sistema normativamente fechado, porém cognitivamente aberto. O aparente paradoxo é a razão pela qual essa teoria é capaz de descrever com uma maior acuidade o Cenário 1.

---

[132] Sobre essa constatação, veja-se BITTENCOURT, Cezar Roberto. *A Falência da Pena de Prisão: causas e alternativas*. São Paulo: Saraiva, 1999.

[133] *Relatório do Sistema Prisional Brasileiro*, 2006, p. 4.

[134] Idem, p. 30.

É preciso referir, com Clam,[135] que a autopoiese não é algo que nasce do nada e que acaba em si mesma. É, ao contrário, um processo de coligação entre as estruturas e os acontecimentos. Uma verdadeira autofundação factual, dirigida ao necessário acoplamento entre os sistemas sociais.

A partir disso, na linha de Paterson,[136] tem-se que a autopoiese dos sistemas sociais permite uma minimização de diferença entre a direção corrente e a direção desejada. Dito de outra forma: a teoria autopoiética é uma forma de observação em que aquilo que se pretende com o sistema punitivo brasileiro é um dado posto, mas não se deixa de objetivar o dele se deseja.

De fato, aí reside um ponto em que o Cenário 2 se conecta com o Cenário 1. Refutando-se a hipótese heteropoiética, verifica-se que o ocorrido em São Paulo deve ser percebido pelos subsistemas sociais a partir de sua lógica interna. Após, necessariamente, haverá um *output,* uma resposta à sociedade. Ela influenciará novamente, via comunicação, os demais subsistemas, que, por sua vez, darão suas respostas próprias, reprocessadas mediante sua especificidade funcional.

É por esse motivo que o Primeiro Comando da Capital consegue fazer valer sua "normatividade" no seio social. Ele possui uma série de regras próprias. Elas são aceitas internamente. Houve uma irritação advinda do sistema político (transferência dos líderes). Os presídios paulistas reagiram sob seu código (violência). Mas o *output* foi lançado no ambiente. Os demais subsistemas devem, portanto, amealhar o ocorrido e fornecer resposta a respeito.

Essa é a clausura de um sistema e sua respectiva abertura cognitiva. A abertura e o fechamento simultâneo. No caso do sistema jurídico, por exemplo, haverá mudanças (ou permanências). Mas ela será dada pelo próprio Direito, influenciado que foi pelo entorno. Nas palavras de Luhmann,[137] *a validade normativa corresponde então à*

---

[135] CLAM, Jean. A Autopoiese do Direito. In: ——; ROCHA, L.S; SCHWARTZ, G.A.D. *Introdução à Teoria do Sistema Autopoiético do Direito.* Porto Alegre: Livraria do Advogado, 2005, p. 103.

[136] PATERSON, John. Reflecting on Reflexive Law. In: KING, Michael; THORNHILL, Chris. *Luhmann on Law And Politics.*Oxford: Hart Publishing, 2006, p. 29.

[137] LUHMANN, Niklas. A Restituição do Décimo Segundo Camelo: do sentido de uma análise sociológica do Direito. In: ARNAUD, André-Jean; LOPES JR, Dalmir. *Niklas Luhmann: do sistema social à sociologia jurídica.* Rio de Janeiro: Lumen Juris, 2004, p. 63.

clausura do sistema jurídico, e a disposição cognitiva para conhecer corresponde à orientação (do sistema jurídico) sobre seu meio envolvente.

Dessa maneira, a aceitação de que as ideias de Luhmann são aplicáveis no Brasil (e o são), pode trazer uma grande contribuição ao deslinde e ao desvelamento do Cenário 1. A autopoiese tem a vantagem da resposta recursiva, construída por intermédio de suas operações e estruturas. Com isso, haverá autonomização. O subsistema se diferenciará do entorno mediante uma unidade de diferença (interior/exterior).

A girada autopoiética consiste no fato de se pensar que os subsistemas possuem uma lógica peculiar que não resta desconectada do ambiente, produzindo ruídos de fundo que irritam comunicacionalmente os demais subsistemas (afinal, no entorno, existem mais entornos). Por intermédio da comunicação, o sistema absorverá e filtrará as influências externas, selecionando sua especificidade, trazendo-as para seu interior recursivamente hermético, onde a questão será (re)processada, em sua lógica clausural, autorreferencial e autopoiética. Cenário 1 e Cenário 2 são, portanto, coligados.

3.3.5. Autopoiese e sistema punitivo no Brasil

Como já explicitado, a ideia abordada é bastante simples. Os subsistemas sociais comunicam-se entre si. Possuem uma lógica que lhes é própria, mas que mantém contato com as particularidades tanto de um como de outro. Ademais, as mudanças internas são provocadas pelo exterior. Nada difícil, portanto, referir que a rebelião ocorrida em São Paulo (Cenário 1) seja uma forma de comunicação de um sistema punitivo falido por razões que são, ao mesmo tempo, internas e externas à sua lógica.

Mais, se o sistema educativo (Cenário 2) também faz parte do sistema social, ele exterioriza, a partir de sua própria funcionalidade, comunicações que vão ser refletidas no entorno dos demais sistemas, sendo por eles amealhadas e reprocessadas de forma recursiva. A resposta dada pelo Primeiro Comando da Capital afetou todos os demais subsistemas da sociedade brasileira. Sinal, portanto, de que imaginar, refletir e/ou construir teorias que isolem heteropoieticamente os presídios, é uma posição intelectual fadada ao insucesso e às reações posteriores.

A correta compreensão da ideia da teoria dos sistemas sociais autopoiéticos é, dessa maneira, uma forma de descrição a partir dos dois Cenários e não somente de um deles, de forma excludente. A unidade do problema se dá mediante sua diferença. A conexão só é conseguida pela clausura. Esse aparente paradoxo, mal compreendido no mundo acadêmico brasileiro, pode revelar respostas que outrora não eram possíveis. Como o sistema punitivo brasileiro tem, em seu Cenário 1, a sua autorreferência, constata-se a necessidade de uma visão diferente sobre o tema.

No que tange ao sistema punitivo brasileiro, a teoria dos sistemas sociais autopoiéticos é uma hipótese que merece maior atenção e acuidade. Um novo olhar sobre elementos e estruturas já existentes. Essa recursividade desconstitui o paradoxo inexistente e fornece novas respostas para o sistema social que cerca e sofre as consequências da visão heteropoiética do problema prisional no Brasil.

Ao final, tem-se que, parafraseando David Rúbio,[138] Marcola e Luhmann são, para o sistema jurídico, simultaneamente, Direito e Não Direito. Cada qual em seu polo, constituem-se nas duas Faces de Janus,[139] os dois lados da moeda, a diferença que constrói a unidade do Direito (e da sociedade).

---

[138] Com base nos paradigmas da simplicidade de Edgar Morin, David Sanchéz Rúbio defende que os homens não são anjos ou demônios. Na sua integralidade, são "angelmonios", o reflexo de sua dualidade. A idéia foi lançada durante o workshop "Sistemas Punitivos en America Latina: perspectiva transdisciplinar" no seminário "Perspectivas Econômicas y Efectivización de los Derechos Fundamentáles", realizado no dia 1º de junho de 2006, no Instituto Internacional de Sociologia Jurídica, em Oñati – Espanha.

[139] Para TEUBNER, Gunther. As Duas Faces de Janus: pluralismo jurídico na sociedade pós-moderna. In: ——. *Direito, Sistema e Policontexturalidade.* Piracicaba: Unimep, 2005, p 81:"É na "lei do asfalto" das grandes cidades norte-americanas ou no "quase-direito" das favelas no Brasil...", que se descobre "... o "lado obscuro" do direito soberano, o potencial subversivo dos discursos reprimidos".

Referências bibliográficas

AMADO, Juan Antonio García. Breve Introducción sobre Derecho y Literatura. In: ——. *Ensayos de Filosofía Jurídica*. Bogotá: Temis, 2003.

ARNAUD, André-Jean. Critique de la Raison Juridique. 2. Gouvernants sans Frontières. Entre mondialisation et post-mondialisation. Paris: L.G.D.J, 2003.

——. O Direito entre Modernidade e Globalização: lições de Filosofia do Direito e do Estado. Rio de Janeiro: Renovar, 1999.

——; DULCE, M.J.F. *Introdução à Análise Sociológica dos Sistemas Jurídicos*. Rio de Janeiro: Renovar, 2000.

BACHELARD, Gaston. *Le Nouvel Esprit Scientifique*. Paris: Quadrige/PUF, 2006.

BATISTA, Nilo. Punidos e Mal Pagos: violência, justiça, segurança pública e direitos humanos no Brasil de hoje. Rio de Janeiro: Revan, 1990.

BECK, Ulrich. La Sociedad del Riesgo: hacia una nueva modernidad. Barcelona: Paidós, 2001.

BITTENCOURT, Cezar Roberto. *A Falência da Pena de Prisão: causas e alternativas*. São Paulo: Saraiva, 1999.

BOBBIO, Norberto. *Teoria do Ordenamento Jurídico*. Brasília: UnB, 1984.

BUCKLEY, Walter. *Sociology and the Modern Systems Theory*. New Jersey: Prentice-Hall, 1967. Com tradução para o português: A Sociologia e a Moderna Teoria dos Sistemas. São Paulo: Cultrix, 1971.

CAPRA, Fritjof. A Teia da Vida: uma nova compreensão científica dos sistemas vivos. São Paulo: Cultrix, 1996.

CLAM, Jean. A Autopoiese do Direito. In: ——; ROCHA, L. S; SCHWARTZ, G. A. D. *Introdução à Teoria do Sistema Autopoiético do Direito*. Porto Alegre: Livraria do Advogado, 2005.

——. *Questões Fundamentais de uma Teoria da Sociedade*. Contingência, Paradoxo, Só-efetuação. São Leopoldo: Unisinos, 2006.

——. *Science du sens perspectives théoriques*. Paris: Presses Universitaries de Strasbourg, 2006.

——. Contingência, Dupla Contingência, o Outro e o Outro no Outro. Luhmann com Lacan, um Estímulo. In: ——. *Questões Fundamentais de uma Teoria da Sociedade. Contingência, Paradoxo. Só-Efetuação*. São Leopoldo: Unisinos, 2006.

COSTA, Renata Almeida da. A Sociedade Complexa e o Crime Organizado: a contemporaneidade e o risco nas organizações criminosas. Rio de Janeiro: Lumen Juris, 2004.

DE GIORGI, Rafaelle. *Direito, Tempo e Memória*. São Paulo: Quartier Latin, 2006.

——. Luhmann e a Teoria Jurídica dos Anos 70. In: CAMPILONGO, Celso Fernandes. *O Direito na Sociedade Complexa*. São Paulo: Max Limonad, 2000.

DERRIDA, Jacques. Marges de la Philosophie. Paris: Les Éditions de Minuit, 1972.

ELSTER, Jon. *Explaining Technical Change.* Cambridge: Cambridge University Press, 1983. Na tradução espanhola, *El Cambio Tecnológico:* investigaciones sobre la racionalidad y la transformación social. Barcelona: Gedisa, 1992.

FALCÓN Y TELLA, María José. *The Validity of Law: concept and foundation.* Porto Alegre: Ricardo Lenz Editor, 2000.

FOESTER, Heinz von Foester. *Observing Systems.* Nova Yorke, 1979.

FOUCAULT, Michel. *Vigiar e Punir: nascimento da prisão.* Petrópolis: Vozes, 1987.

GIDDENS, A. e TURNER, Jonathan (org.). Teoria Social Hoje. São Paulo: Unesp, 1999.

GIDDENS, Anthony. Mundo em Descontrole: o que a globalização está fazendo de nós. Rio de Janeiro: Record, 2002.

HABERMAS, Jürgen. *Teoria de la Acción Comunicativa.* 2 vol. Madrid: Taurus, 1987.

HART, Herbert L.A. *O Conceito de Direito.* Lisboa: Fundação Calouste Gulbenkian, 1994.

HESPANHA, Benedito. A Autopoiese na Construção do Jurídico e do Político de um Sistema Constitucional. *Cadernos de Direito Constitucional e Ciência Política.* São Paulo. n. 28 – julho/setembro, 1999.

HUXLEY, Aldous. *Admirável Mundo Novo.* 2ªed. 9ª reimpressão. São Paulo: Globo, 2005.

KELSEN, Hans. *Teoria Geral das Normas.* Porto Alegre: SAFE, 1986.

———. *Teoria Pura do Direito.* 4. ed. Tradução de João Baptista Machado. Coimbra: Armênio Amado Editor, 1976.

———. *Teoria Pura do Direito.* São Paulo: Martins Fontes, 2000.

KING, Michael. What's the Use of Luhmann's Theory? In:———; THORNHILL, Chris. *Luhmann on Law And Politics.*Oxford: Hart Publishing, 2006.

KORFMANN, Michael. A Literatura Moderna como Observação de Segunda Ordem. Uma Introdução ao Pensamento Sistêmico de Niklas Luhmann. *Revista de Estudos Germânicos,* v.6, USP, São Paulo, 2003.

LE-MOIGNE, Jean Louis. *Le Constructivisme.* Paris: Harmattan, 2002.

LUHMANN, Niklas. *Das Recht der Gesellschaft.* Surkamp Verlag, 1993.

———. *Die Gesellschaft der Gesellschaft.* Surkamp Verlag, 1997.

———. *El Derecho de la Sociedad.* México: Universidad Iberoamericana, 2002.

———. *La Sociedad de la Sociedad.* México: Editorial Herder, 2007.

———. *Sistemas Sociales.* Lineamentos para una teoría general. México: Alianza Editorial/Universidad Iberoamericana, 1991.

———. *Soziale Systeme.* Grundisse einer Allgemeinen Theorie. Suhrkamp Verlag, 1984.

———. *Teoria della societa.* 8. ed. Milano: Franco Angeli, 1996.

———. A Restituição do Décimo Segundo Camelo: do sentido de uma análise sociológica do Direito. In: ARNAUD, André-Jean; LOPES JR, Dalmir. *Niklas Luhmann: do sistema social à sociologia jurídica.* Rio de Janeiro: Lumen Juris, 2004.

———. Ausdifferenzierung des Rechts. Beiträge zur Rechtssoziologie und Rechtstheorie. Frankfurt: Suhrkamp, 1999.

———. Closure and Openness: on reality in the world of law. In: TEUBNER, Gunther (Ed.) *Autopoietic Law: a new approach to law and society.* Berlin: New York: Walter de Gruyter, 1988.

———. *Das Recht der Gesellschaft.* Frankfurt: Suhrkamp, 1997.

———. Il Sistema Educativo: problemi di riflessività. Roma: Armando Editore, 1988.

———. Le Droit Comme Système Social. *Droit et Société,* Paris, n. 11-12, 1989.

———. *Organizzazione e Decisione.* Traduzione di Giancarlo Corsi. Milano: Paravia Bruno Mondadori Editori, 2005

———. *Sistemas Sociales. Lineaminentos para una teoría general.* Barcelona: Anthropos; México: Universidad Iberoamericana; Santafé de Bogotá: CEJA, Pontifícia Universidad Javeriana, 1998.

——. Sociedad y Sistema: la ambición de la teoría.. Barcelona: Paidós, 1990.

——. *Sociologia del Riesgo*. México: Triana Editores, 1998.

——. Poder, Política y Derecho. *Metapolítica*, vol. 5, n. 20, México: DF, 2001.

——. *Sociologia do Direito I*. Rio de Janeiro: Tempo Brasileiro, 1983.

MATURANA, Humberto; VARELA, Francisco. *El Árbol del Conocimiento*: las bases biológicas del entendimiento humano. Buenos Aires: Lumen, 2003.

MORAWETZ, Thomas. Law and Literature. In: PATTERSON, D. (Ed.) *A Companion to Philosophy and Legal Theory*. Cambridge: Blackwell, 1996.

MORIN, Edgar. La Méthode – Vol. 1 – La Nature de la Nature. Paris: Seuil, 1977.

NAVARRO, Evaristo Prieto. La Teoria de Sistemas y el Problema del Control de la Conducta. Perspectivas e Imposibilidades para la Dogmática Penal. In: DÍEZ, Carlos Gómez-Jara (Ed.) *Teoría de Sistemas y Derecho Penal. Fundamentos y Posibilidades de Aplicación*. Granada: Editorial Comares, 2005.

NEVES, Marcelo. Verfassung und Positivität des Rechts in der Peripheren Moderne: eine theoritsche Betrachtung und eine Interpretation des Falls Brasilien. Duncker u. H., Bln. Broschiert, 1992.

NICOLA, Daniela Ribeiro Mendes. Estrutura e Função do Direito na Teoria da Sociedade de Luhmann. In: ROCHA, Leonel Severo (Org.). *Paradoxos da Auto-Observação: percursos da teoria jurídica contemporânea*. Curitiba: JM Editora, 1997.

OST , François. Júpiter, Hercules, Hermes: tres modelos de juez. *Doxa*, n. 14, 1993.

——. *O Tempo do Direito*. Lisboa: Piaget, 1999.

——. *Sade et la Loi*. Paris: Odile Jacob, 2005.

PARSONS, Talcott. *Os Sistemas das Sociedades Modernas*. São Paulo: Pioneira, 1974.

PATERSON, John. Reflecting on Reflexive Law. In: KING, Michael; THORNHILL, Chris. *Luhmann on Law And Politics*. Oxford: Hart Publishing, 2006.

RELATÓRIO do Sistema Prisional Brasileiro. Síntese de Videoconferência Realizada pela Comissão de Direitos Humanos e Minorias da Câmara dos Deputados em Parceria com a Pastoral Carcerária – CNBB. Brasília. Julho/ 2006.

ROCHA, L; SCHWARTZ, G; CLAM, J. *Introdução à Teoria dos Sistema Autopoiético do Direito*. Porto Alegre: Livraria do Advogado, 2005.

ROCHA, Leonel Severo. *Epistemologia Jurídica e Democracia*. São Leopoldo: Unisinos, 1999.

——. Paradoxos da Auto-Observação: percursos da teoria jurídica contemporânea. Curitiba: JM Editora, 1997.

——; CARVALHO, Delton Winter de. Auto-referência, Circularidade e Paradoxos na Teoria do Direito. In: *Anuário do Programa de Pós-Graduação em Direito da Unisinos*, São Leopoldo, 2002. p. 235-253.

——; PEPE, A. M. B. *Genealogia da Crítica Jurídica*: de Bachelard a Foucault. Porto Alegre: Verbo Jurídico, 2007.

SAUSSURE, Ferdinand de. *Cours de Linguistique Générale*. Publié par Charles Bally et Albert Sechehaye, avec la collaboration de Albert Riedlinger. Paris: Payot, 1985.

SCHWARTZ, Germano André Doederlein. *A Constituição, a Literatura e o Direito*. Porto Alegre: Livraria do Advogado, 2006.

——. *O Tratamento Jurídico do Risco no Direito à Saúde*. Porto Alegre: Livraria do Advogado, 2004.

SOUZA SANTOS, Boaventura de. *O Discurso e o Poder. Ensaio sobre a Sociologia da Retórica Jurídica*. 2ª reimpressão. Porto Alegre: SAFE, 1988.

STRECK, Lenio Luiz. *Verdade e Consenso*: Constituição, Hermenêutica e Teorias Discursivas. Rio de Janeiro: Lumen Juris, 2006.

TEUBNER, Gunther *Direito, Sistema e Policontexturalidade*. Piracicaba: Unimep, 2005.

TEUBNER, Gunther. As Duas Faces de Janus: pluralismo jurídico na sociedade pós-moderna. In: ——. *Direito, Sistema e Policontexturalidade.* Piracicaba: Unimep, 2005.

——. *Diritto Policontesturale:* Prospettive Giuridiche della Pluralizzazione dei Mondi Sociali. Napoli: Edizioni Città del Sole, 1999.

——. Droit et Réflexivité:l'auto-référence en droit et dans l'organization. Bruilant: Belgique: L.G.D.J: Paris, 1996.

——. Evolution of Autopoietic Law. In:—— (Ed.) *Autopoietic Law: a new approach to law and society.* Berlin: New York: Walter de Gruyter, 1988.

——. *O Direito como Sistema Autopoiético.* Lisboa: Calouste Gulbenkian, 1989.

WARAT, Luis Alberto. *O Direito e sua Linguagem.* Porto Alegre: SAFE, 1995.

WATZLAWICK, Paul y KRIEG, Peter. "*El Ojo Del Observador.* Contribuciones al Construtivismo". Barcelona: Gedisa, 1995.

WEBER, Max. *A Ética Protestante e o Espírito do Capitalismo.* São Paulo: Cia. das Letras, 2004.

——. *Economia y sociedad:* esbozo de sociología comprensiva. 2. ed. México: Fondo de Cultura Económica, 1969-1977. 2 v.

YOUNG, Jock. A Sociedade Excludente. Exclusão Social, Criminalidade e Diferença na Modernidade Recente. Rio de Janeiro: Revan, 2002.

Impressão:

Evangraf
Rua Waldomiro Schapke, 77 - P. Alegre, RS
Fone: (51) 3336.2466 - Fax: (51) 3336.0422
E-mail: evangraf.adm@terra.com.br